キリスト教的知の探究

聖徒たちに有益な知ここにあり

有馬 七郎

罪が神の言葉を聞いて<u>いない</u>ところから起こるように、
信仰は聞いて<u>いる</u>ところから起こる（ローマ 10:17）。

Dawn DeVries（本書 p. 147）

序 言

　本書『キリスト教的知の探究』は、キリスト教的生活を知的に豊かに生きるための指針に基づいて、拙著・訳の中から最適の諸論考を選んで要約したものである。そのために参照した拙著は、主として『革新的聖書論考』（2019.1 刊）および『挑戦的宗教論集』（2019.12 刊）である。その他に、『宗教的小論選集』（2020.12 刊）の一部を参照し、拙訳書からも引用した。（しかし本書は、それら3著作を網羅したダイジェスト版ではない。）

　また本書には、新たに執筆した革新的論考が幾つか含まれている。

　「第Ⅰ編　ギリシア語新約聖書の知」では、数あるギリシア語新約聖書を、筆者独自の4分類法に基づいて体系的に、また簡潔に学ぶことができる。ギリシア語新約聖書を取り上げた所以は、アメリカ聖書協会所属の B.M. ニューマンが *The UBS Greek N.T., A Reader's Edition* [DB, 2007] の序言において、「新約聖書の研究に真摯な関心を抱いている者は誰しも、ある段階でギリシア語新約聖書を学ばなければならない」と表明したのを受けて、日本にも「自分もその段階にある」と気付く人が少なからずいると考えたからである。

　「第Ⅱ編　主要英訳聖書の知」では、原書による以外に聖書の研究に非常に役立つ英訳聖書の全体像を拙著から要約した。すなわち、英語圏における翻訳哲学と主要な英訳聖書を解説し、さらに、読者が最適の英訳聖書をそれぞれに選択できるように代表的な英訳聖書の翻訳事例を示した。

　「第Ⅲ編　聖書解釈の知（論考）」では、旧・新約聖書を通して最も重要な戒めとなっている〈シェマア〉を解説し、珠玉の詩編「神の人モーセの祈り」（第90編）を注解した。そして、邦訳聖書において誤訳されるか、不適切に訳された聖書箇所に関する論考5編を要約した。また、私たちキリスト者が模範とすべき宗教改革者たちの聖書の読み方を紹介した。

　「第Ⅳ編　キリスト教の主要教義の知」では、プロテスタントにとって重要な教義（信条）を選び、それらの信条を読む際の手引きとなるように、それらの制定の意図と経緯を解説した。

「第Ⅴ編　キリスト教信仰の知」では、キリスト教信仰に関する重要な諸概念を扱った。特に、「ギリシア語 *pistis* には両義性（信仰＆信仰心）がある」ことを認識することによって聖書が深く読めるようになり、また「信仰と信仰心の弁別」はそれぞれの信仰と信仰心を強化するのに役立つであろう。

　「第Ⅵ編　信仰による義認の知」では、「信仰による義認の聖書的根拠」を示し、ルターの有名な〈信仰によってのみ〉と〈罪びとにして同時に義人〉を論じ、さらに、カルヴァンの信仰による義認論──「惜しみなく義とされた者はキリストの清らかさをまとうが如く天に現れる」と説いた達見──を紹介した。

　「第Ⅶ編　悔い改めの知」は、キリスト者が学ぶべき悔い改めに関して包括的に論じ、現代のプロテスタント教会と信者たちの間に悔い改めが広く、深く行われ、神中心の生活が強化されることを意図している。

　「第Ⅷ編　罪の赦しの知」では、「新約聖書における罪の赦しの諸相」を紹介し、洗礼による罪の赦しと受洗後の罪の赦しを論じ、さらに実存的観点からの赦しについて論じた。

　「第Ⅸ編　キリストの死による罪の償いの知」は、キリストの十字架によって私たちの罪は赦されていると主張する人びとに挑戦し、キリストの死に関する新約聖書の多様な解釈を例証し、またそれらに関する包括的な諸論考を紹介した。そして最後に、キリストの死が真に意味している在り処を歴史的に、また実存的に論じた。

　「第Ⅹ編　宗教的余話」には、主として、キリスト教的生活を豊かにするための知識体系の圏外にあって含めることができなかった小論を集録した。聖徒たちに有益な知として読んでいただければ幸いである。ちなみに、「聖書通読の真価」、「『御名が聖とされますように』の勧め」、「教会はキリスト者の舞台」などには、筆者の神中心的思想が織り込まれている。

　かくして本書は、「聖徒たちに有益な知ここにあり」と表明した通り、先人たちから学んだ、聖書とキリスト教に関する知恵と知識を豊かに提供することを目指している。

有馬　七郎

目　次

文献略語表

ABD   *The Anchor Bible Dictionary*, ed. Freedman. 6 vols.

ABS   American Bible Society

ALT   *Analytical-Literal Translation of the New Testament*, 2005

APNTT   *Aramaic Peshitta New Testament Translation*, Trans. Janet M. Magiera, 2006

ASV   American Standard Version, 1901

AV/KJV   Authorized Version / King James Version, 1611

BDAG   Bauer-Danker-Arndt-Gingrich, *A Greek-English Lexicon the New Testamet and other Early Christian Literature*, 3rd edn., 2000

BDB   Brown-Driver-Briggs, *A Hebrew and English Lexicon of the Old Testament*, 2nd edn., 1952

BHS   *Biblia Hebraica Stuttgartensia*, 2nd edn., 1983

Britannica   *Encyclopedia Britannica*, 1994-2001, 2015

BT   Byzantine Text: *The New Testament in the Original Greek: Byzantine Textform 2005*, comp. Robinson & Pierpont

CCFCT   *Creeds and Confessions of Faith in the Christian Tradition*, ed. Pelikan & Hotchkiss. 3 vols., 2003

CCG   *Christianity: The Complete Guide*, 2005

CEB   Common English Bible, 2011

CEV   Contemporary English Version, 1995

CJB   *Complete Jewish Bible*, Trans. David H. Stern,1998

CT   Critical Text: EN-NTG, NA-NTG, UBS-GNT

CUP   Cambridge University Press

DB   Deutsche Bibelgesellscgaft

EBC-α   *The Expositor's Bible Commentary*, Abridged Edition, 2 vols., 1994 （α: OT or NT)

EBC-RE   *The Expositor's Bible Commentary*, Revised Edition, 13 vols., 2012

ECC	*The Encyclopedia of Chrictian Civilization*, 4 vols., 2011
EDNT	*Exegetical Dictionary of the New Testament*, ed. Horst Balz & Gerhart Schneider, 1990-93
EDT	*Evangelical Dictionary of the New Testament*, 2nd edn., 2001
EinB	Die Bibel, Einheitzübersetzung, 2009
EN-NTG	Eberhard Nestle, *Novum Testamentum Graece*（版別表記をしない場合に用いる）
ENα	Eberhard-Nestle, *Novum Testamentum Graece*（α で版別表記）
ERE	*Encyclopedia of Religion and Ethics*, 24 vols., 1908-22
ESV	English Standard Version, 2007, 2011 併用（必要に応じ出版年表記）
ET	Eclectic Text: A Reader's Greek New Testament, NIVGT
GB	Geneva Bible, 1560（"Annotated GB 1602" 併用）
GNB	Good News Bible / Today's English Version, 1992
GW	*God's Word*, 1995
HBfAET	*Holy Bible, From the Ancient Eastern Text, George M. Lamsa's Translation* [A.J. Holman Co., 1968]
HCSB	Holman Christian Standard Bible, 2003
HeuB	Gute Nachricht Bibel, Der Bibel in heutigem Deutsch, 1997
Institutes	John Calvin, *Institutes of the Christian Religion*, trans. Battles, 1960
IVPBBC	*The IVP Bible Background Commentary*, Second Edition, 2014
KJV	*New Cambridge Paragraph Bible*, King James Version, Edited by David Norton, 2011（その他、AV/KJV 改訂版の一般的呼称として用いる）
LB	Living Bible, 1971
LutherB	*Die Bibel, Luther-Űbersetzng* [DB, 1984]
LXX	Rahles-Hanhart, *Septuaginta*: Editio altera / Revised Edition, 2006
MCED	*Mounce's Complete Expository Dictionary of Old & New Testament Words*, 2006
Message	*The Messeage*, 2003
MNTfA	*The Modern New Testament from Aramaic*, Trans. G.M. Lamsa, 2002
MT	Majority Text: *The Greek New Testament According to the Majority*

Text, 2nd edn., ed. Hodges & Farstad, 1985

NA Nestle-Aland

NA-NTG Nestle-Aland, *Novum Testamentum Graece*（版別表記をしない場合に用いる）

NAα Nestle-Aland, *Novum Testamentum Graece*（α で版別表記）

NAB New American Bible, 2012

NASB New American Standard Bible, 1995

NIDNTT *New International Dictionary of New Testament Theology*, ed. Verbrugge, 2000

NIDNTTE *New Internationl Dictionary of New Testament Theology and Exegesis*, ed. Moisés Silva, 5 vols., 2014

NIV New International Version, 1984, 2011 併用（必要に応じ出版年表記）

NIVGT The Greek text of *NIV Greek and English New Testament*, 2012

NJB New Jerusalem Bible, 1985

NKJV New King James Version, 1982

NLT New Living Translation, 2007

NouT *Le Nouveau Testament*, Nouvelle version segond révisée, 1978

NRSV New Revised Standard Version, 1989（"Anglicized NRSV 2011" 併用）

NT New Testament

OT Old Testament

OUP Oxford University Press

REB Revised English Bible, 1989

RSV Revised Standard Version, 1952 (NT: 1971)

RV Revised Version, 1885 (NT: 1881)

SCT Standard Critical Text: NA27, NA28, UBS4, UBS5

S&C Joseph A. Fitzmyer, S.J., *Scripture & Christology*, 1986

TDNT *The Theological Dictionary of the New Testament*, Abridged in one volume, ed. Gerhard Kittel & Gerhard Friedrich, 1985

THP Tyndale House Publishers

TNIV Today's New International Version, 2005

TR	Textus Receptus: *The New Testament in the Original Greek according to the text followed in the Authorized Version...*, ed. Scrivener, 1881
TraB	Traduction Œcuménique de la Bible, 1988
UBS	United Bible Societies or United Bible Societies'
UBS-GNT	The UBS *Greek New Testament* （版別表記をしない場合に用いる）
UBS-RE	*The UBS Greek New Testament: A Reader's Edition*, 2007
UBS-TN	*The UBS Greek New Testament: Reader's Edition with Textual Notes*, 2010
UBSα	The UBS *Greek New Testament* （α で版別表記）
W-H	Westcott & Hort, *The New Testament in the Original Greek*, 1881

comp.	compiled by
dic.	or Dic.: dictionary
ed.	edited by
edn.	edition
eds.	editiors
re-edn.	Revised Edition
rev.	revised by
trans.	or Trans.: translated by

凡例

1 本書で引用する聖書には、特記する場合を除き、筆者の私訳を用いた。旧約聖書の翻訳には底本に *Biblia Hebraica Stuttgartensia* (2nd edn., 1983) を用い、新約聖書は基本的に Nestle-Aland, *Novum Testamentum Graece* (28th edn., 2012) を用いた。必要に応じ、2011 ESV, 1989 NRSV および 2011 NIV を参照した。

2 〔 〕は、筆者による翻訳の補語、補足、または訳注を示す。

邦訳聖書略語表

完全表記の書を除く。

旧約聖書		新約聖書	
出エジ	出エジプト記	マタイ	マタイによる福音書
ヨシュ	ヨシュア記	マルコ	マルコによる福音書
サム上	サムエル記上	ルカ	ルカによる福音書
サム下	サムエル記下	ヨハネ	ヨハネによる福音書
列王上	列王記上	使徒	使徒言行録
列王下	列王記下	ローマ	ローマの人びとへの手紙
歴代上	歴代誌上	Ⅰコリ	コリントの人びとへの第1の手紙
歴代下	歴代誌下	Ⅱコリ	コリントの人びとへの第2の手紙
エズラ	エズラ記	ガラテ	ガラテヤの人びとへの手紙
ネヘミ	ネヘミヤ記	エフェ	エフェソの人びとへの手紙
エステ	エステル記	フィリ	フィリピの人びとへの手紙
コヘレ	コヘレト	コロサ	コロサイの人びとへの手紙
イザヤ	イザヤ書	Ⅰテサ	テサロニケの人びとへの第1の手紙
エレミ	エレミヤ書	Ⅱテサ	テサロニケの人びとへの第2の手紙
エゼキ	エゼキエル書	Ⅰテモ	テモテへの第1の手紙
ダニエ	ダニエル書	Ⅱテモ	テモテへの第2の手紙
ホセア	ホセア書	テトス	テトスへの手紙
ヨエル	ヨエル書	フィレ	フィレモンへの手紙
アモス	アモス書	ヘブラ	ヘブライ人への手紙
オバデ	オバデヤ書	ヤコブ	ヤコブの手紙
ナホム	ナホム書	Ⅰペト	ペトロの第1の手紙
ハバク	ハバクク書	Ⅱペト	ペトロの第2の手紙
ゼファ	ゼファニヤ書	Ⅰヨハ	ヨハネの第1の手紙
ハガイ	ハガイ書	Ⅱヨハ	ヨハネの第2の手紙
ゼカリ	ゼカリヤ書	Ⅲヨハ	ヨハネの第3の手紙
マラキ	マラキ書	ユダ	ユダの手紙
		黙示録	ヨハネの黙示録

第Ⅰ編　ギリシア語新約聖書の知

コイネー（ギリシア語）の成立事情

　ギリシア語は紀元前 13 世紀から今日まで続く長い、豊かな歴史を持っている。ホーマー（紀元前 8 世紀）からプラトン（紀元前 4 世紀）までの著作者たちによって用いられたギリシア語の形態は、「古典ギリシア語」と呼ばれている。古典ギリシア語には、主として次の四つの方言があった。

① ドーリス方言：ペロポンネソス戦争（アテナイとスパルタの間の戦い：431-404 BC）においてアテナイの敵の大部分が話していた方言。
② アルカディア方言／キプロス方言：如何なる文学にも用いられていない。
③ アイオリス方言：テッサリア、ボイオティア、レスポス島で話されていた。
④ アッティカ／イオニア方言：アッティカ方言は、その純粋な形でアリストファネス（c.450 - c.388 BC）、プラトン（427? - ?347 BC）、雄弁家たちによって用いられ、変化した形でトゥキュディデス（c.460 - c.400 BC）や悲劇作家たちによって用いられた。他方、イオニア方言は、エウボイア（エーゲ海西部の島）、中央・東エーゲ海の島々、小アジアの海岸地帯で話されていた。

　紀元前 4〜3 世紀に僅かに変化を遂げたイオニア色の強いアッティカ方言は、やがてヘレニズム期の標準言語となり、ギリシア語の世界は東方に広く拡張された。そして結果的に、ローマ帝国の東半分の「ギリシア語圏」の標準語となった。これは *hē koinē dialektos* (the common speech)と呼ばれた。この方言は、今日「コイネー（ギリシア語）」と呼ばれている。コイネーは、LXX、新約聖書、および使徒教父たちの著作に用いられた。

　コイネーは、過去百年間にわたってエジプトで発見されたギリシア語パピルスの研究から、当時のギリシア語が遺書、書簡、受領証、買い物リストなどに用いられていた日常生活の言語であることが判明した。

　　　　　　　　　　　　　　　　　　（『革新的聖書論考』pp. 71-73 参照）

ギリシア語 NT テキスト：Textus Receptus（TR）

Textus Receptus とは、デシデリゥス・エラスムス（Desiderius Erasmus）が1516年にバーゼルで出版したギリシア語テキストから、1641年にライデンで出版されたエルゼヴィル（Elzevir）版までを含むプロテスタント諸版の総称である。Textus Receptus という名称は、万人によって受け入れられるテキストであることを示している。

エラスムスはその後、1519 年に第 2 版を出版した。マルティン・ルターがドイツ語訳に用いたのはこの版であった。エラスムスは 1522, 1527, 1535 年にも出版し、最後の二つの版では、コンプルートゥム（Complutum）の多国語聖書を参照した。

パリの印刷業者シモン・コリネウス（Simon Colinaeus）は、エラスムス版とコンプルートゥム・ギリシア語新約聖書に基づく版を 1534 年に出版した。彼の継子のロバート・スティーブンス（Robert Stephens）は、有名な諸版を1546, 1549, 1550, 1551 年にパリで出版した。1550 年版は、「ロイヤル版」として特に有名になった。

テオドール・ベザ（Theodore Beza）は、スティーブンスのギリシア語テキストを若干変更し、自らのラテン語訳を付した版を 1565, 1582, 1588, 1598 年にジュネーヴで出版した。ベザの諸版、特に 1598 年版とスティーブンスの最後の二つの版は、1611 年の欽定英訳聖書の主要な底本となった。

現行 TR の決定版：

The New Testament in Greek, According to the Text Followed in the Authorized Version Together With the Variations Adopted in the Revised Version, Edited by F.H.A. Scrivener [CUP, 1881, 1949]

F.H.A. Scrivener（1813-91）は本書において、AV/KJV のギリシア語テキストと、RV の異なった読み方のテキストの両方を提供した。

（『革新的聖書論考』pp. 85-88 参照）

ギリシア語 NT テキスト：
Majority Text (MT) / Byzantine Text (BT)

　Majority Text（MT）は、大多数の写本に見出されるギリシア語テキストから構成されているギリシア語新約聖書である。その代表的な文献は、Zane C. Hodges と Arthur L. Farstad 編集の *The Greek New Testament According to the Majority Text*, 1982, 1985 である。両名はその「序言」において、自分たちの立場を次のように表明している。

> Majority Text は利用可能な写本全体の証拠を用いるテキストである。如何なる学識に基づくものであれ、80-90% の証拠を無視することは、私たちにとって非科学的である（Hodges & Farstad, "Preface to the 2nd edn."）。

　MT と同じ範疇に属するテキストにビザンティン・テキスト（BT）がある。BT は、Maurice Robinson と William Pierpont 編集の *The New Testament in the Original Greek According to the Byzantine/Majority Textform* に基づいている。両名は MT 支持者らと同じ立場から同じような主張をしている。

> 伝達の観点から見ると、写本の伝統において過激な、文書で裏付けられる激変を経なかった膨大な写本の中では、唯一の優勢なテキスト形態が支配的であろうと期待されている（Robinson & Pierpont, "Preface" in BT）。

代表的テキスト：

The Greek New Testament According to Majority Text, Second Edition, Edited by Zane C. Hodges and Arthur L. Farstad, 1985.

The New Testament in the Original Greek: Byzantine Textform 2005, Compiled and Arranged by Maurice A. Robinson and William G. Pierpont.

（『革新的聖書論考』pp. 88-93 参照）

ギリシア語 NT テキスト : Critical Text（CT）

CT の歴史は、エバーハルト・ネストレ（Eberhart Nestle）が 1898 年に *Novum Testamentum Graece*（EN1）の初版を出版した時から始まった。この初版は単純な、しかし創造的な着想に基づいて制作された。すなわち、

Constantine Tischendorf, *Greek New Testament*, 1869-72

B.F. Westcott & F.J.A. Hort, *The New Testament in the Original Greek*, 1881

R.F. Weymouth, *Greek New Testament: The Resultant Greek Testament*, 1886

をギリシア語新約聖書の基礎として用い、二つのテキストによって支持される読み方をテキスト本文とし、第三の読み方を脚注に記載した。

EN13（1927）において、エバーハルトの息子アーウィン（Erwin）が事業に参加し、さまざまな写本、初期の翻訳などが参照された。

EN25（1963）において、クルト・アーラント（Kurt Aland）が事業に参加して批評的研究資料が画期的に改善され、エバーハルトが創始した伝統的編集方法も改訂された。

他方、UBS-GNT の初版は、W-H のテキストに基づいて 1966 年に現れた。第 2 版（1968）も同じ路線を踏襲した。UBS3（1975）は、クルト・アーラントの提案によって、NA26（1979）と同じテキストが用いられた。しかし、NA-NTG と UBS-GNT は目的を異にしていた。NA-NTG は、主として学術研究、学究的人材の育成、牧会用に制作され、他方の UBS-GNT は、主として翻訳者たちのために制作された。

最新刊の CT :

Nestle-Aland, *Novum Testamentum Graece* with Dictionary, 28th re-edn., 2012（NA28）

The Greek New Testament, Fifth Revised Edition, with Dictionary, 2014（UBS5）

（『革新的聖書論考』pp. 94-107 参照）

ギリシア語 NT テキスト：Eclectic Text（ET）

Eclectic Text は包括的な名称で、その範囲は多岐に亘っている。本書では、英語圏の一般的用例に倣い、第一義的に "Eclectic Text" であることを表明しているテキストに限定して、"ET" を用いる。

英訳聖書の New International Version（NIV）の基礎を成すギリシア語テキスト NIVGT（The Greek text that underlies the NIV）は、今日における最も代表的な ET である。NIVGT は段階を経て発展してきた。

A Reader's Greek New Testament, ed. Richard J. Goodrich & Albert L. Lukaszewski [Zondervan, 2003]

本書は、1984 NIV を支持する折衷的テキストである。SCT（UBS4）との相違は 231 箇所である。

A Reader's Greek New Testament, 2nd Edition, ed. Richard J. Goodrich & Albert L. Lukaszewski [Zondervan, 2007]

本書は、前述テキストの改訂版であり、TNIV を支持する折衷的テキストである。SCT（UBS4）との相違は 285 箇所である。

NIV Greek and English New Testament, ed. John R. Kohlenberger, III [Zondervan, 2012]

本書 NIVGT は、最新の「NIV 版ギリシア語／英訳聖書」である。NIVGT は John R. Kohlenberger III が The Committee on Bible Translation (CBT) の議長 Douglas Moo 博士の協力を得て再評価したものである。英語テキストは、2011 年に改訂された NIV の最新版である。

NIVGT には、720 の脚注があり、UBS4/NA27 との相違を示している。

NIV 以外の ET には、*The Zondervan Greek and English Interlinear New Testament*, ed. W.D. Mounce & R.H. Mounce [Zondervan, 2008] がある。

（『革新的聖書論考』pp. 107-111 参照）

ギリシア語 NT テキストの将来展望

　ギリシア語新約聖書4種には、それぞれの誕生と発展の歴史があり、今後も発展し続けるだろう。しかし、翻訳聖書の底本としての利用価値には、これまで以上の大きな差が生ずるかも知れない。

　ギリシア語新約聖書が複数存在することに関連して注目すべきは、それらの間の共通性と相違に関する議論である。

　　強調すべき最も重要なことは、新約聖書のテキストの 85%以上が Textus
　　Receptus, Alexandrian Text および Majority Text において同じである、
　　ということである （"Preface to the New King James Version"）。

　ギリシア語新約聖書 4 種を概観した目から見ると、85% は満足すべき数値である。そこから、何れのギリシア語テキストも基本的に同じであるという認識が生まれるからである。

　他方、厳密な聖書研究の立場から見ると、各種ギリシア語テキスト間に約 15% の相違があることは問題なのかも知れない。しかし、ほとんどのギリシア語テキストは脚注に異なった読み方を多数記載しているので、これらがテキスト間の 15% 程度の相違に相当するものであろう。

　英訳聖書最大の出版部数を誇る NIV が用いているギリシア語テキスト NIVGT は、 NA27/UBS4 を 720 箇所修正したものである。今後は、SCT に修正を加えたこの種のテキストが注目を浴びることになろう。

　2012 年に出版された NA28 (2012) では、Novum Testamentum Graecum ——Editio Critica Maior （ギリシア語新約聖書のテキストの歴史を包括的に記録し、異なった読み方を持つすべての重要な証拠を列挙した批評的資料） が適用され、公同書簡のテキストが 34 個所改訂された。この改訂は今後、他のテキストにも適用されるようになるだろう。

（『革新的聖書論考』p. 112 参照）

コイネーの特性を生かした新約聖書の読み方

コイネーの特性を生かした、ギリシア語新約聖書の読み方について、W.D. マウンスは、聖書解釈学の立場から次のように論じている。

聖書解釈学の第一段階は、著者が最初の聴衆に伝えようとしていた意味を学ぶことである。これは exegesis 〔聖書の解釈〕の役割である。exegesis という語は、「〜から」を意味するギリシア語の前置詞 ek を伴って形成された。exegesis とは、著者が言おうとしていたものを学ぶために、テキストから意味を引出すことである。exegesis はしばしば、eisegesis 〔聖書の自己解釈〕と対比させられる。ギリシア語の前置詞 eis は「〜の中へ」を意味するところから、eisegesis とは、あなた自身の意味するところをテキストの中に読み込むことを意味する。聖書研究とは、あなたの個人的な神学を聖書のどこかの箇所に読み込むことではない。聖書研究とは、キリストをして私たちに語らせることである。私たちは聴き手であって、語り手ではない（William D. Mounce, *Greek for the Rest of Us*, 2003）。

したがって、ギリシア語新約聖書の読み方は文脈に沿って、ただ一つの意味を求めることである、と言うことができよう。

しかし、現代日本のプロテスタントの牧師たちの中には、会衆の知的好奇心に焦点を合わせ、自分たちの考えや経験を聖書テキストの中に読み込んで説教している人が少なからずいる。しかし彼らは、自分の説教作法が、いわゆる「聖書の自己解釈」（eisegesis）であるとは認識していない。問題はここにあるように思われる。

そこで、聖書を正しく読み、伝える務めを担っている人びとは、ルターが言ったように、神の言葉の仲買人であることに甘んじ、私事を語ることによって神の言葉を語るべき説教壇を私物化しないように注意しなければならない。

（『革新的聖書論考』pp. 77-82 参照）

聖書言語としてのアラム語の歴史概観

　紀元前 1000 - 800 年頃、近東のアッシリア、バビロニア、シリアの人びとは、アラム人のアルファベットと言語を採用した。その結果、アラム語はメソポタミア地方全域の共通語（lingua franca）となり、商業、貿易、相互の意思疎通の言語となった。こうしてアラム語は、アッシリア、バビロニア（カルデア）、シリアの人びとの日常語となった。

　アラム語は、紀元前 732 年にティグラト・ピレセル 3 世によってバシャンとギレアドからトランスヨルダンに移送させられたイスラエル人によって用いられた。紀元前 721 年には、サルゴン 2 世が北方 10 部族を征服し、サマリヤを攻略した。彼はイスラエル人をアッシリアに移住させると共に、アッシリア人をガリラヤとサマリヤに住まわせた。彼らはアラム語の北方方言を話した。この方言はイエスの時代まで存続した。

　さらに、紀元前 587 年にネブカドネツァルはユダヤを征服し、ユダヤの人びとを捕囚としてバビロンに移住させた。当時バビロンでは、東方アラム語、すなわちカルデア人のアラム語を話していた。エズラとネヘミヤに従ってエルサレムに戻り、神殿を再建した時、彼らはこの方言を話していた。この方言は時々、パレスチナ・アラム語と呼ばれ、紀元一世紀まで存続した。

　アレクサンドロス大王は東方遠征（紀元前 334-323 年）において、パレスチナの要所に守備隊を駐在させて支配した。しかし統治者たちの主要な目的は、政治的支配であり、自分たちの言語や文化を被征服民に強要することには消極的だったように思われる。その結果、パレスチナでは、ギリシア語が現地人のアラム語に取って代わることはなかった。

　この時期のアラム語は、ガリラヤやサマリヤの北方方言も、パレスチナ・アラム語も、特に発音と語彙の面で地域的影響を受けて変化し、一律の言語ではなくなったように思われる。二つの方言の違いはさほど大きなものではなく、意思の疎通に致命的な支障を来たすものではなかったように思われる。

（『革新的聖書論考』pp. 279-80 参照）

新約聖書の人びとが話していた言語

　紀元一世紀におけるパレスチナの言語事情は、概ね次のような状況だった。すなわち、パレスチナを支配していたローマ軍と彼らのために働くユダヤ人はラテン語を話し、ユダヤ人は主としてヘブライ語を話し、多人種から構成されていた実業家や商人たちはギリシア語を話し、そして大多数の民衆はアラム語（アラム語の北方方言あるいはパレスチナ・アラム語）を話していた。

　イエスとその弟子たちは、イスカリオテのユダを除いて、アラム語の北方方言を話していた。彼らはすべてガリラヤ出身だったからである。イエスはアラム語の北方方言を話しただけでなく、ヘブライ語も話した。イエスが 12 歳の時、エルサレムの神殿で教師たちと対話をしたという記事（ルカ 2:41-52）は、そのことを立証している。

　　新約聖書のギリシア語テキストには、“talitha qumi” “lema shevaqtani” “mamona” のような、ギリシア語に書き換えられた幾つかの語と語句の他に、アラム語に由来すると思われる慣用語法が存在する。このことは、イエスがアラム語を話したことを示しており、また疑いもなく、シナゴーグでヘブライ語を用いていただけでなく、学者たちや宗教的指導者たちとの会話でヘブライ語を話していたことを示している（“Editors' Notes” *in The New Covenant Aramaic Peshtta Text* [Bible Society Jerusalem, 1986]）。

　イエスは当時の多くの人びとと同様に、バイリンガルあるいはトライリンガルであったように思われる。使徒のパウロも、数か国語を習得していた。

　　パウロは西方アラム語が話されていたタルソで生まれ、育った。しかし、東方アラム語が話されていたエルサレムで教育を受けたので、両方の方言を流暢に話したに違いない。パウロはまた、ギリシア語を話した（使徒 21:37）（Janet M. Magiera, "Introduction" in APNTT）。

（『革新的聖書論考』pp. 280-83 参照）

ギリシア語新約聖書を翻訳と見なす学説、その根拠は？

　イエスの時代には、イエスが伝道活動をしたガリラヤ地方では、主としてアラム語の北方方言が話されていた。他方、エルサレムとその周辺では、ユダヤ人を中心にヘブライ語／パレスチナ・アラム語が話されていた。

　したがって、イエスの死後、イエスに関する伝記あるいは事績（新約聖書の、特に福音書の元になった資料）は、イエスの身近にいた信者たちによってアラム語の北方方言で、あるいはイエスに関心を持つ信者たちによってヘブライ語／パレスチナ・アラム語で、何れにしても同胞のために書かれたと考えるのが最も自然である。しかし実際には、その時代に書かれたアラム語の北方方言による資料も、ヘブライ語／パレスチナ・アラム語による資料も全く存在しない。現存している資料は、ギリシア語による手書き写本のみである。

　しかし、新約聖書が最初からギリシア語で書かれた可能性は、ほとんどないように思われる。ギリシア語はアラム語の北方方言を話していたイエスとその弟子たちにとっても、イエスが対話したユダヤ人の学者や宗教的指導者たちにとっても、無縁の言語だった。イエス時代のパレスチナでは、ギリシア語は主として、実業家や商人たちによって用いられていた言語だった。

　なぜギリシア語新約聖書が生まれたのか？　アラム語の北方方言、あるいはヘブライ語／パレスチナ・アラム語で書かれた福音がパレスチナ以外の地域の異邦人に伝える必要が生じた時に、初めてコイネー（ギリシア語）に翻訳されたのである。

　他方、新約聖書の記事には曖昧な語や語句、不明確な表現が数多くある。しかしそれらをアラム語の慣用語法から読むと、あるいはヘブライ語の慣用語法から読むと、新鮮で明快な意味を獲得する聖書箇所が数多く存在する。こうして、この観点から、新約聖書は最初にアラム語で書かれたと考える学者と、ヘブライ語で書かれたと考える学者が存在する。

（『革新的聖書論考』pp. 284-85 参照）

新約聖書のアラム語起源説

　最も素朴なアラム語起源説は、新約聖書にアラム語が用いられていることを根拠にしている。その際に引用されるアラム語は、次の通りである。

「アバ」（マルコ 14:36、ローマ 8:15、ガラテ 4:6）

「エッファタ」（マルコ 7:34）

「エロイ、エロイ、レマ　サバクタニ？」（マルコ 15:34）

「タリタ　クミ！」（マルコ 5:41）

「マモン」（マタイ 6:24／ルカ 16:13、マタイ 6:21／ルカ 12:34、ルカ 16:9, 11）

「マラナ　タ」（I コリ 16:22）

　しかし、最初の、本格的なアラム語起源説は、筆者の知見によれば、アッシリア人でアラム語を母語とする聖書学者のラムサ（George M. Lamsa）博士によって、第一次大戦後に表明されたように思われる。彼は、聖書翻訳者であり、解釈者であり、聖書の土地における人びとの慣行、習慣、文化に精通した学者だった。彼は新約聖書に登場する人びとが話した言語について語っている。

　　パウロはアラム語で書かれたキリスト教の福音を宣教した。彼の書簡は、キリスト教がシリア、近東の諸地域、インドに広がった時から何年か後に書かれた。換言すると、パウロの書簡は、すでに建てられていたキリスト教会に宛てて書かれたものである。さらにパウロは、ほとんどすべての書簡において、ヘブライ人の父祖たち、エジプトにおける隷属、紅海の渡河、マナを食べたこと、砂漠を彷徨ったことを書いている。これは疑いもなく、ヘブライの人びとに宛てて書いたものであり、ヘブライ人の歴史や民について何も知らない異邦人の世界に宛てて書いたものでないことを立証している（"Introduction" in HBfAET）。

　　　　　　　　　　　　　　　　　　（『革新的聖書論考』pp. 285-88 参照）

新約聖書のヘブライ語起源説

　ヘブライ語起源説は、近年、何人かの学者によって主張されている。彼らの主張するヘブライ語起源説には、アラム語起源説と異なる一つの特徴がある。それは、彼らが言及する聖書箇所は共観福音書に限定され、ヨハネによる福音書、書簡類、および黙示録に言及することはない、ということである。

　ユダヤ人の高名な学者ダヴィッド・フルッサー（David Flusser）は、その著 *Jesus*, in collaboration with R. Steven Notley, 2001 において、共観福音書が最初にヘブライ語で書かれたことを、次のように論じている。

> 　私の探求は、共観福音書がイエスの弟子たちとエルサレムの初期教会によって作成された、一つあるいは二つ以上の現存しない初期の文献に基づいて書かれた、という結論に私を導いた。これらのテキストは、最初ヘブライ語で書かれた。その後、これらのテキストはギリシア語に翻訳され、さまざまな段階の改訂を重ねた。三人の福音書記者たちが用いたのは、これら初期のヘブライ語資料のギリシア語訳である。こうして、それらのユダヤ教的背景の下で研究される時、共観福音書は一般に認められている以上に信頼できるイエスの人物像を保存していることが分かる。

　米国出身の学者ダヴィッド・ビヴィン（David Bivin）とロイ・ブリザード（Roy Blizzard, Jr.）もまた、ヘブライ語起源説の有力な主張者である。彼らは、下記のように、さまざまな観点からヘブライ語起源説を論証している。

① アラム語およびギリシア語起源説の検討
② 最近の言語学的研究
③ ヘブライ語起源説に対する聖書外資料の証拠
④ 福音書テキスト自体が示す証拠
⑤ 誤訳に基づく神学的誤り

（『革新的聖書論考』pp. 289-91 参照）

第II編　主要英訳聖書の知

凡例

EB: Entire Bible, OT + NT

CB: Complete Bible, OT + NT + Apocrypha

RE: Revised Edition

英語圏における翻訳哲学総論

　英訳聖書を選ぶ上で、いや読む上で最も重要なのが、その翻訳手法に関する知識である。その知識は現在、5世紀に及ぶ長い歴史を踏まえて、"Translation philosophy"（翻訳哲学）と呼ばれている。

　翻訳哲学を定義すると、聖書翻訳の分野において包括的な枠組として役に立つ基本的な原則・見解の表明と言えるであろう。聖書翻訳の世界には、伝統的に二つの基本的な翻訳哲学が存在する。

　一つは "literal translation"（逐語訳）で、英語圏における聖書翻訳の世界では "word-for-word translation"（語には語を対応させる翻訳）、あるいは専門用語で "formal equivalence"（形式的等価〔訳〕）と呼ばれている。"formal" とは、そこに、文法的に「形式的な等価」が存在するという意味である。具体的には、もしギリシア語が 10 語なら、英語でも 10 語に訳す。もしギリシア語が分詞を用いているなら、英語でも分詞を用いる。また、この翻訳手法では解釈を最低限に留めることが求められる。この翻訳手法を用いた最も典型的な英訳聖書に NASB がある。

　この翻訳手法の問題点は、原初テキストに忠実に訳され、曖昧な箇所も曖昧なまま英訳されるので、最終的な解釈が読者に委ねられることである。

　もう一つの翻訳手法は、"free translation"（自由訳）で、専門用語で "dynamic equivalence"（動的等価〔訳〕）と呼ばれ、"functional equivalence"（機能的等価〔訳〕）とも呼ばれる。動的等価訳は、ギリシア語の語数にこだわらず、ギリシア語に分詞が用いられているか否かにも拘束されない。この翻訳手法では、意味を伝達することが最大限に考慮される。この翻訳手法を用いた最も典型的な英訳聖書に、NLT がある。

　動的等価訳の特徴は、原初言語の翻訳が適切な解釈の下で行われ、曖昧な箇所が曖昧なまま残されることはない。その代わりに、常に翻訳者の見解が入り込む余地がある。

　　　　　　　　　　　　　　　　　　（『革新的聖書論考』pp. 116-17 参照）

英訳聖書における代表的な翻訳哲学論

ESV の Translation Philosophy

ESV は、原初テキストの正確な言葉遣いと各聖書著者の個人的な文体を可能な限りとらえることを追求する「本質的に逐語的な」翻訳である。そのため ESV は、"word-for-word" の一致を重視しており、同時に現行の文学的英語と原初の言語の間にある文法、構文、慣用句の違いを考慮に入れている。したがってそれは、読者が原初言語の構造と意味を可能な限り直接見ることができるように、原初テキストに忠実であることを追求している。

ESV は、本質的に逐語的な翻訳として、聖書の原初の語が持つ個々のニュアンスを私たち自身の言語の中に持ち込むように努めた。それはそれ自体において、聖書の徹底的な研究に理想的な形で適している。実際、ESV は文学的長所を強調することによって、公的な朗読と説教にも、個人的な朗読と省察にも、学術的・敬虔的研究の両方にも、聖書の暗誦にも向いている（"Preface" in 2011 ESV 要約）。

NLT の Translation Philosophy and Methodology

NLT の翻訳者たちは、聖書の原初テキストのメッセージを明快な、現代英語に訳すようにした。一方で翻訳者たちは、翻訳が精確な、明快な、自然的な英語の文章を生み出した時には、可能な限り、単純に、逐語的に訳した。多くの語や語句は逐語的に訳され、また一貫して、本質的に文学的・修辞学的な技巧、古代の隠喩……などを保存する英語に訳された。

他方で翻訳者たちは、翻訳が理解し難いとか、誤解を与えるとか、古風な言い方になる時には、メッセージを一層動的に訳した。彼らは読者の理解を助けるために、難しい隠喩や用語を明快にした。翻訳者たちは、まず古代の文脈における語や語句の意味と格闘し、次いでメッセージを明快な、自然的な英語に訳した（"Introduction to the *New Living Translation*" in 2007 NLT 要約）。

（『革新的聖書論考』pp. 129-131 参照）

英訳聖書：ティンダル訳新約聖書

Tyndale's translation of the New Testament; 1525/26, 1534

　ティンダル（William Tyndale, c.1494-1536）は、オックスフォード大学（一時期ケンブリッジ大学）で、ギリシア語、ヘブライ語、および聖書を学んだ。彼は出身地のグロスターシアで家庭教師をしていた時期にエラスムスの手引書（Enchiridion）を翻訳して注目を浴びた。

　彼は 1523 年ロンドンに出て、エラスムス編集のギリシア語新約聖書（1516）の英訳を志したが、ロンドン司教タンスタル（Cuthbert Tunstall）から許可されなかった。やむなく彼はドイツに渡り、ヴィッテンベルクに（ルターを訪問）しばらく留まった後、ケルンに住んで翻訳を行った。ティンダルはエラスムスのギリシア語テキストから翻訳したと言われているが、実際には、ほぼ半分はルターのドイツ語訳聖書（エラスムスの第 2 版 1519 年版から翻訳）から翻訳された。

　ティンダルの英訳新約聖書は、1525 年ヴォルムスで、Peter Schoeffer によって四折判として 3,000 部印刷され、さらに 1525-26 年に、八折判 3.000 部が印刷された。これらの聖書は商人たちによってイングランドに運ばれ、広められた。しかしそれらの聖書の多くは、タンスタル司教の命によって集められ、枢機卿ウルジー（Cardinal Wolsey, c.1475-1530）の面前で焼却された。その後 1530 年には、ヘンリー8 世によって発禁とされた。

　1535 年 5 月、ティンダルは異端者としてドイツ皇帝によって捕らえられ、ブリュッセルの城に監禁され、1536 年 10 月に火刑に処せられた。彼の最後の言葉が伝えられている――"Lord! Open the King of England's eyes."

　ティンダルは近代英訳聖書の父と呼ばれている。彼の英訳新約聖書がその後の英訳聖書の基礎を築き、さらに多くの翻訳英語を創出したからだった。AV/KJV (1611)の 90%, RV (1881)の 85% はティンダルの英訳聖書（1525/26）の言語に依存していると言われている。

（『革新的聖書論考』pp. 152-53 参照）

英訳聖書：ジュネーヴ聖書（GB）

The Geneva Bible (GB); 1560, RE: 1576

ジュネーヴ聖書は、カルヴァン的宗教改革の中心地ジュネーヴに亡命中の、ヘブライ語とギリシア語に堪能なピューリタン集団によって制作された。制作に携わった人びとには、カヴァーデール（Miles Coverdale）、ウィッティンハム（William Whittingham）、ギルビー（Anthony Gilby）らがいた。

制作費の大半は、ジュネーヴの英国人共同体によって負担されたように思われる。寄贈者の中には、John Bodley（ボドリー図書館の創設者の息子）がいた。彼はその後（1561.1.8）、エリザベス女王から7年間英国でジュネーヴ聖書を独占で印刷する特許を取得した。

ジュネーヴ聖書は約100年間、一般の英国人によって広く読まれた。その主な理由は、次のような特徴に帰せられよう。

① 四折判で扱いやすかったこと

② ローマ体活字とイタリック体活字で読みやすかったこと

③ 章・節の区分が明記されたこと

④ 詳細な注記と注解が付加されたこと

⑤ 固有名詞の発音にアクセント記号を付けたこと

特に注記と注解は、敬虔なピューリタンの男女から歓迎された。他方、カンタベリー大主教のパーカー（Matthew Parker）からは、「偏見に満ちたさまざまな注解」が含まれる、と酷評された。

ジュネーヴ聖書は一般の人びとから歓迎され、文人たちによっても広く受け入れられ、シェイクスピア、スペンサー、ミルトン、バニヤンなどによって用いられた。特に、シェイクスピアの後期の劇作では、ジュネーヴ聖書の言葉遣いが反映されている。さらに、メイフラワー号でアメリカに渡った人びとによるメイフラワー契約（1620.11.11）はジュネーヴ聖書に署名された。

（『革新的聖書論考』pp. 158-59 参照）

英訳聖書：欽定英訳聖書（AV/KJV）

The Authorized Version / King James Version (AV/KJV); 1611
AV/KJV 成立の経緯

　イングランド国王（ジェイムズ1世）はピューリタンと英国教会の間の紛争を調停するために、両派から聖職者たちを召集し協議したが、失敗に終った。しかしその会合で、ピューリタン指導者の一人ジョン・レイノルズ（John Reynolds）は、従来の聖書より優れた英訳聖書の制作を承認するように国王に進言した。ジェイムズ国王はこの要請に同意した。当時、さまざまな聖書が出回り、混乱していたからだった。

　新しい聖書の制作は英国教会・ロンドン主教のリチャード・バンクロフト（Richard Bancroft）が主導権を握り、彼は15項目から成る翻訳改訂指針をを掲げた。その主な点は次のようなものだった。

　① 翻訳改訂は主教訳聖書に基づき、その変更は最小限に留める。
　② 預言者、聖なる者たちの名前は、通常用いられている名前を用いる。
　③ 古い教会用語を保持する。例えは、"congregation" でなく、"church" を用いる。
　④ 語が幾つかの意味を持つ場合、古代の教父訳によって用いられ、文脈的に適合し、また教会の教義に合致するものを保持する。
　⑤ 1560 GB で採用された章、節区分を保持する。
　⑥ 欄外注記は記載しない。
　⑦ 他の聖書箇所への言及が有益と考えられる場合には、欄外に付記する。

　原初テキストとしては、旧約聖書に Complutension Polyglot (1517) および Antwerp Polyglot (1572)が用いられ、新約聖書には Textus Receptus の Stephanus' third edition (1551) および Beza's 1598 edition が用いられた。

　翻訳改訂は6班・54（→53）名体制で行われ、Thomas Bilson と Miles Smith が校閲し、最後にバンクロフト大主教が校閲し、翻訳は完了した。そして、イングランド国王によって公認され、欽定訳となった。

KJV 改訂の歴史

KJV を論ずる上で欠かせないのが、"KJV" の名の下に行われた改訂の歴史である——私たちが今日、利用している KJV は 1611 年版と著しく相違しているが、依然として KJV と呼ばれていることは、この聖書にのみ見られる特異な現象である。

ブレイニー（Benjamin Blayney, 1728-1801）は KJV の歴史上最も重要な人物と考えられている。彼は英国教会の牧師、ヘブライ語学者、オックスフォード大学ハートフォードカレッジの特別研究員の資格をもっていた。ブレイニーは 1743 年と 1762 年のケンブリッジ版を、新しいオックスフォード版の学識的土台として用い、F.S. パリスが打ち立てた編集的原則を実行した。

ブレイニーの聖書は 1769 年に出版された。この版は 1762 年のトーマス・パリス版と共に、「標準版」として用いられた。

ギリシア語写本の専門家スクライヴナー（F.H.A. Scrivener）は 19 世紀の後半に、初期の、また他の主要な諸版と照合して改訂したテキストに基づいて KJV 版を制作した。彼は文学的感覚に基づいて、散文部分を "paragraph" に、詩的部分を "parallel lines" に組んだ。彼は徹底的なテキストの標準化を 7 年かけて行い、*The Cambridge Paragraph Bible* を 1873 年に出版した。

スクライヴナーの聖書は画期的で、そのテキストの品質は高かったが、その影響力は低く、ブレイニーのテキストに取って代わることはなかった。そこで 20 世紀の終りに、ケンブリッジ大学出版局の理事会は New Cambridge Paragraph Bible の制作を決定し、改訂すべき 2 原則を定めた。

① 聖書テキストの誤りを正しい読み方に変更する。

② 綴りと句読法を近代化する。

The New Cambridge Paragraph Bible, King James Version, ed. David Norton は 2005 年に出版された。そして、印刷と編集上の誤りを修正した改訂版が 2011 年に出版された。この聖書は、KJV の優れた普及版となっている。しかし、すべてのテキスト的根拠を考慮し、1611 年版のすべての要素を保持した完璧な学識版には未だ達していない、と言われている。

（『革新的聖書論考』pp. 163-69 参照）

英訳聖書：欽定英訳聖書改訂版（RV）

The Revised Version (RV); NT: 1881, EB: 1885, CB: 1895

AV/KJV の出版から 250 年を経て、聖書研究の分野で大きな変化が起こった。特に、ギリシア語新約聖書のテキスト研究が進歩し、19 世紀後半のキリスト教界は Textus Receptus とは異なる三つの主要なテキスト、すなわち、

Tregelles' text, 1857, 72

Tischendorf's final text, 1869-72

Westcott & Hort's text, 1881　を利用できる状況にあった。

英国教会は、1870 年 2 月のカンタベリー大主教区会議において、KJV の改訂を主導することを決めた。改訂を担当する 65 人の学者の大半はアングリカンだったが、7 月にアメリカの学者たちが加わった。

旧約聖書の学者たちはマソラ（校訂本）のヘブライ語テキストに基づいて翻訳の誤りを修正し、詩的な箇所を詩的な形式に整えた。新約聖書の学者たちは、主として Westcott & Hort のテキストを用い、他のテキストを参照した。

AV/KJV 改訂の方針は次のように定められた。

① AV/KJV の底本と異なるギリシア語テキストの採用に伴う変更

② AV/KJV の曖昧な箇所の明確化

③ AV/KJV の誤りの修正

④ AV/KJV がギリシア語をさまざまに英訳した箇所の変更

⑤ AV/KJV が一貫して訳さなかった並行箇所の変更

改訂者たちは旧・新約聖書を通じて、AV/KJV でヘブライ語とギリシア語がさまざまに訳されていたのを改め、同じ英語を用いるように心掛けた。この原則は、用語索引を容易にしたが、他方では、厳密な逐語訳を採用した結果、翻訳英語と批判される、ぎこちない訳語を造り出すことになった。

RVの新約聖書は熱狂的に受け入れられ、出版初年に 300 万以上を販売した。

（『革新的聖書論考』pp. 171-74 参照）

英訳聖書：アメリカ標準訳（ASV）

The American Standard Version (ASV); 1901

イギリスの AV/KJV 改訂に参加したアメリカの学者たちは、自分たちの意見が RV のテキストに反映されなくても、補遺に掲載されることに甘んじ、14 年間、アメリカ改訂版を出版しないことに同意した。その結果、彼らは期限切れを待って、1901 年に American Standard Version (ASV) を出版した。

ASV は、フィリップ・シャフ（Philip Schaff, 1819-93）の他、少なくとも 10 人の知名な聖書学者が携わった。

旧約聖書は主としてマソラ（校訂本）のヘブライ語テキストから訳され、曖昧な部分はセプトゥアギントが参照された。新約聖書は Westcott & Hort のギリシア語テキストから訳された。アポクリファは除外された。

翻訳には厳密な逐語訳（Strictly literal, word-for-word translation）の手法が用いられ、特定のヘブライ語あるいはギリシア語に対しては、一貫して同じ英語が用いられた。そして新約聖書では、ギリシア語のアオリスト（不定過去形）の時制の微妙な差異を訳出するために慎重な配慮が払われた。これらの部分は、原初のギリシア語を探究する人びとには、貴重な翻訳となっている。

翻訳用語の使用面では、RV との間で顕著な違いが生じた。ASV では、アメリカ英語が用いられた。例えば、'wot' の代わりに 'know' が、'wist' の代わりに 'knew' が、'Holy Ghost' の 代わりに 'Holy Spirit' が用いられた。

ASV の用語の中で最も際立っているのは、旧約聖書のヘブライ語の子音字 YHWH (God) に *adonai* (Lord) を重ね、それを 'Jehovah' と訳したことであろう。

ASV はアメリカ長老派教会によって AV/KJV に代わる英語聖書として歓迎されたが、監督教会からは拒絶された。しかし、学識者たちから優れた逐語訳聖書として高く評価され、後の RSV および NASB の基礎となった。

（『革新的聖書論考』pp. 174-76 参照）

英訳聖書：改訂標準訳（RSV）

Revised Standard Version (RSV); NT: 1946, 71; EB: 1952, Apocrypha: 1957, Common Bible: 1973, Expanded edition: 1977

　ASV の著作権を有する「国際的宗教教育協議会」(The International Council of Religious Education) は 1937 年に聖書の改訂を議決した。翻訳は 32 名の知名な学者たちによって行われ、旧約聖書は Herbert G. May によって、新約聖書は Bruce M. Metzger によって編集された。翻訳の原則は、RSV の序言において、次のように説明された。

> 　RSV は今日の言語における新訳ではない。顕著な慣用語句を目指した言い換えでもない。これまでに広く知られ、何年にもわたって用いられてきた英訳聖書における最良なすべてを保持することに努めた改訂である。

　原初言語として、旧約聖書は主として、マソラ（校訂本）のヘブライ語テキストから翻訳された。新約聖書は当初、Westcott & Hort のギリシア語テキストに基づいて翻訳されたが、その後、批評的テキストが重視されるようになり、EN17 (1941) に基づいて翻訳し直された。

　翻訳哲学の観点から見ると、RSV は原初言語の語順を尊重する literal word-for-word の手法を放棄し、英語として自然な語順を優先させた。また RSV は、RV と ASV が原初言語における語の一貫性を追求したのに対して、文学的多様性を尊重した。例えば、ギリシア語の *splanchnizomai* は "pity" あるいは "compassion" を意味しているが、RV と ASV が一様に "compassion" と訳したのに対して、RSV は "pity"（マタイ 18:27, 20:34）と "compassion"（マタイ 9:36, 15:32）に訳し分けた。

　RSV は「共通聖書」として多くの読者を持ったが、福音主義的および原理主義的キリスト者たちからは歓迎されなかった。イザヤ書 7:14 のヘブライ語の עַלְמָה（アルマー）を "a young woman" と訳したからだった。

（『革新的聖書論考』pp. 186-89　参照）

英訳聖書：新アメリカ標準訳聖書（NASB）

New American Standard Bible (NASB); NT: 1963, EB: 1971, RE: 1995

　1901 ASV に基づく改訂には、二つの新しい英訳聖書が存在する。一つは RSV であり、もう一つはこの NASB である。ロックマン財団は 1959 年、ASV に代わる NASB の翻訳に着手した。翻訳の狙いは、すべての現代訳と同様に、聖書の原初言語に忠実で、文法的に正しく、読みやすい聖書を制作することだった。翻訳は、15 以上の教派から選ばれた 58 名の学者たちによって行われた。

　NASB の翻訳方針は次のように設定された。

① 旧約聖書のテキストには、Rudolf Kittel's *Biblia Hebraica* (Masoretic Text, 1949) を用いる。

② 新約聖書のテキストには、EN23 (1957) を用いる（後に NA26 (1979) に変更）。

③ 翻訳は「語には語を対応させる逐語訳」に基づいて行い、現代の読者に受容れ難いと思われる箇所では現代英語の慣用句を用い、逐語的な翻訳を脚注に記す。

④ 脚注には、代替的翻訳、さまざまな写本に基づく異なった読み方、テキストの用語を説明する同義語などを記す。

⑤ 神に対する最も普通の名前は "God"（Elohim の翻訳語）とし、神に対する敬称は "Lord"（Adonai の翻訳語）とする。4 文字 YHWH（出エジ 3:14、イザヤ 42:8）も一貫して "Lord" と訳す。

⑥ ギリシア語の時制に関しては、特にアオリスト時制を慎重に扱う。

　NASB は研究用聖書として、特に原初言語への忠実さと共に、優れた脚注と詳細なクロスレファレンスの故に高く評価された。しかし他方では、ヘブライ語やギリシア語の語順への忠実さを再現したためにぎこちない英語となり、多くの信者に読まれる標準的聖書となることはなかった。

（『革新的聖書論考』pp. 197-200 参照）

英訳聖書：グッド・ニューズ・バイブル（GNB）

Good News Bible / Today's English Version; NT: 1966, EB: 1976, CB: 1979,
RE: 1992

アメリカ聖書協会は 1966 年、*Good News for Modern Man : The New Testament in Today's English Version* を出版した。北米では *Today's English Version* として知られている。

GNB は次のような経緯を辿って完成された。

Good News Bible in *Today's English Version*, 1976（OT and NT, 4th edn.）

Good News Bible with Deuterocanonicals/Apocrypha, 1979

Good News Bible with/without Deuterocanonicals/Apocrypha, 2nd edn., 1992

旧約聖書の底本には、当初 Rudolf Kittel's Biblia Hebraica が用いられたが、後に BHS（1977）が用いられた。新約聖書には、UBS3（1975）が用いられた。

GNB は翻訳手法として "dynamic equivalence" を採用し、原初言語の思想を精確に反映させた現代英語を読者に提供することを目指した。

GNB の翻訳は、動的等価訳にふさわしく、単純明快に訳された。理解困難な原初言語の慣用句は平易に訳された。例えば、ギリシア語の *katenygēsan tēn kardian* (Acts 2:37) は一般的に "they were cut to the heart" (ESV, NIV, NRSV) と訳されるが、GNB では "they were deeply troubled" と訳された。

さらに、神学用語は分かりやすく翻訳された。例えば、*dikaiosynē theou* (Rom 1:17) は、伝統的に "the righteousness of God" と訳されてきたが (NASB, NIV, NRSV, REB, etc.)、GNB では "how God puts people right with himself" と訳された。

しかし他方では、不適切な翻訳も行われた。例えば、旧約聖書の Ecclesiates 1:1 の קֹהֶלֶת（コヘレト）は、一般的に "Preacher" (ESV, KJV, NASB) あるいは "Teacher" (HCSB, NIV, NRSV) と訳されているが、GNB では "Philosopher" と訳された。

（『革新的聖書論考』pp. 202-04 参照）

英訳聖書 : 新国際訳 (NIV)

New International Version (NIV); NT: 1973, EB: 1978, RE: 1984, Updated: 2011

1973 NIV-NT 〜 1984 NIV までの経緯

　福音主義者たちによる新しい翻訳事業は、Christian Reformed Church と National Association of Evangelicals の下で 1965 年に始まり、New York International Bible Society から財政的援助を得て 1967 年に本格的に進められた。翻訳は 34 教派から 110 人以上の学者の協力を得て推進された。

　NIV New Testament は 1973 年に、その British Edition は 1974 年に出版された。全聖書は 1978 年に出版され、1984 年に改訂された。

　旧約聖書はマソラテキストから翻訳され、クムラン写本、サマリヤ語のモーセ五書などが参照された。新約聖書に用いられたギリシア語テキストは、UBS4 (1993)に基づく折衷的テキストである。UBS4 と読み方を異にしている箇所は 231 箇所である。

　NIV の翻訳哲学は、形式的等価訳と動的等価訳の境界線上の中間に位置付けられる。その意図は次のように説明されている。

> 翻訳者たちの第一の関心事は翻訳の精確さ (accuracy) であり、聖書の著者たちの思想に対する忠実さ (fidelity) であった。彼らはヘブライ語、アラム語、およびギリシア語テキストの語彙と文法の持つ詳細な意味に重きを置いた。と同時に、"word-for-word" (逐語的) 翻訳以上のものを目指して努力した ("Preface" by The Committee of Bible Translation, 1978, 1983)。

　新約聖書の典型的な神学用語である、ギリシア語の *hilasmos* (I ヨハ 2:2; 4:10) は、KJV, NASB では "propitiation" と訳され、RSV では "expiation" と訳されたが、NIV では "the atoning sacrifice" と、平易に訳された。

　こうして、NIV は調和の取れた英訳聖書として高く評価された。礼拝用、研究用、公的な朗読用聖書として広い読者層を持ち、KJV を凌いでいる。

2011 NIV の概要

　2011 NIV は原初言語のテキストとして、旧約聖書には最新版のマソラテキストの BHS を用い、必要に応じてそのテキストの脚注に含まれる異なった読み方を採用した。また、死海文書その他の古代写本を参照した。新約聖書の翻訳には、SCT の最新版 UBS4/NA27 におけるさまざまな読み方の中から、広く受け入れられている諸原則に従って取捨選択した折衷テキストを使用した。

　2011 NIV は、1984 NIV と 2005 TNIV の成果を生かし、さらに聖書の原著者たちが今日の英語圏の人びとに話しかける場合を想定し、神の不変の言葉を再現するために制作された。序言の一部は、次のように改められた。

> 翻訳者たちの第一の関心事は、翻訳の精確さと、聖書の著者たちの意図した意味に忠実 (faithfulness) であり続けることだった。これは翻訳者たちが原初テキストの "a formal word-for-word rendering"（形式的な、言葉に言葉を対応させる翻訳）を超えていくことを意味していた。思考様式と構文法は言語によって異なるので、聖書作者たちの意味を精確に伝達するためには、常に、語句と慣用句のさまざまな文脈における用法、文章構造の頻繁な変化などへの対応が求められる ("Preface" by The Committee of Bible Translation, September 2010)。

　本文と脚注の関係が、1984 NIV と入れ替わった、注目すべき事例もある。イエスとニコデモの対話 (ヨハネ 3:1-21) において、後半のイエスの言葉の範囲は 1984 NIV では 3:10-21 とされ、3:10-15 説は脚注で言及されていた。ところが、2011 NIV では、イエスの言葉の範囲は 3:10-15 とされ、3:10-21 説は脚注に注記された。

　NIV が 1978 年に出版された時代には、"a man" は男女の性にかかわりなく、多くの文脈において "a person" を指すと理解されていた。しかし今日では、英語を話す大部分の人が、"a man" から男性の含蓄を聞き取っている。そこで、原初テキストが男女の両方を包括的に表現していると判断される場合には、代替的表現が用いられた（例えば、1 Corinthians 8:3 参照）。

　　　　　　　　　　　　　　　　　　（『革新的聖書論考』pp. 208-212 参照）

英訳聖書：新キング・ジェイムズ訳（NKJV）

New King James Version (NKJV); NT: 1979; EB: 1982

　Thomas Nelson Corporation の代表サム・ムーア（Sam Moore）は、底本テキストとその翻訳方針を変更せず、英語だけを現代化することによる AV/KJV の改訂を提案した。そして、NKJV は Thomas Paris による 1629, 1638, 1762 年版 KJV、Benjamin Blayney による 1769 年版 KJV に次ぐ、第５回目の主要な改訂であることを強調した。

　原初言語としては、旧約聖書のテキストに主として Stuttgart Bible の 1967/77 年版が用いられ、AV/KJV のテキストと異なる重要な読み方は脚注に付記された。新約聖書のテキストには、F.H.A. Scrivener 編集の *The New Testament in Greek* [OUP, 1881] が用いられた。

　NKJV の翻訳方針として、完全な等価訳の手法が採用された。

> 　Complete equivalence（完全な等価訳）の原則は、テキストにおけるすべての情報を——良好な文体で表現しながら——保持することである。……「完全な等価訳」は、例えば、"Jesus met them, saying, 'Rejoice! "（マタイ 28:9）および "Woman, what does your concern have to do with Me?"（ヨハネ 2:4）のような表現において、原初テキストを正確に訳している（"Preface to the NKJV"）。

　神学的用語の "propitiation"（*hilasmos*）, "reconciliation"（*katallagē*）, "redemption"（*apolytrōsis*）, "sanctification"（*hagiasmos*）などは保持された。

　NKJV が序言において、さまざまなギリシア語テキストの存在に言及し、それらの信頼性を強調したことは注目に値する。

> 　強調すべき最も重要なことは、新約聖書のテキストの 85％以上が Textus Receptus, Alexandrian Text および Majority Text において同じである、ということである（"Preface to the NKJV"）。

（『革新的聖書論考』pp. 212-215 参照）

英訳聖書：改訂英語聖書（REB）

The Revised English Bible; 1989

新英語聖書（NEB）は 1970 年に出版された。英国教会はちょうどその年、祈祷書記載の伝統的言語（"thee/thou"）を排除した、新しい礼拝形式を承認した。さらに、NEB の知識人向きの文学様式は時代遅れのものと見なされた。

1973 年、英国諸教会の合同委員会（議長：Danald Goggan, Archbishop of Cantabury, 1974-80）は NEB の改訂を決定した。翻訳は諸教派から選ばれた学者たち約 26 名によって行われ、1989 年に出版された。

旧約聖書の翻訳には、マソラテキスト BHS (1966-77) が用いられ、新約聖書のギリシア語テキストとして NA26 (1979) が用いられた。

翻訳方針としては、威厳と流暢さと力強さを兼ね備えることによって、教会用としてばかりでなく、研究用、個人的な祈りの書としても用いられることを目指した。そのため、明快にして率直な表現、優雅な文体を追求し、神学的偏見から解き放たれた自由な聖書を求めた。REB の翻訳方針は、序言で次のように説明された。

> 使用する英語の文体は流暢で、典礼用としても適度の威厳を保つように、と同時に、年齢と背景を異にする広範囲の礼拝者によって理解されるように配慮された。改訂者たちは、可能な限り、複雑な表現や専門用語を避け、特に詩編において、会衆の朗読しやすい、しかも原初テキストの意味を誤解しない構文と語順を提供するように努めた（Donald Goggan, "Preface to the REB"）。

1970, 80 年代には、GNB, NIV など幾つかの英訳聖書が現れたので、REB がそれらと競合しているが、一層多くの人に読まれるに値する英訳聖書であることは間違いない。特に朗読される時、その明快な響きは読者を魅了する。

（『革新的聖書論考』pp. 221-24 参照）

英訳聖書：新改訂標準訳（NRSV）

New Revised Standard Version (NRSV); 1989

　米国キリスト教会協議会（The National Council of Churches of Christ [of the USA]）は 1973 年、1952 RSV の改訂を決定した。翻訳委員会（議長：Bruce M. Metzger）は、プロテスタント、ローマカトリック、東方正教会、ユダヤ人のグループから選ばれた約 30 人の学者たちによって構成された。米国キリスト教会協議会は 1974 年、翻訳委員会に対して改訂大綱を提示した。

　① 段落構成と句読法を改善すること。

　② "thee / thou" を含め、古風な表現を用いないこと。

　③ 朗読されることを前提に、精確さ、明快さ、文体を改善すること。

　④ （神への言及を除き）男性優位の言語表現を用いないこと。

　原初言語としては、旧約聖書に BHS（1983）を用い、新約聖書に UBS3^{corrected}（1983）を用い、UBS4（1993）の研究資料を参照した。

　NRSV は 1989 年に出版された。同年、米国キリスト教会協議会は、所属諸教会において NRSV を公式に使用することを決めた。

　NRSV はこれまで受け継がれてきた英訳聖書の伝統的路線を継承・発展させることを目指した。メツガーはその意図を次のように表明した。

> 　この新しい翻訳は、英語聖書において最上のものとして知られ、何年にもわたって用いられてきたすべてを保存することを追求している。これは、公的な朗読と会衆による礼拝に、また個人的研究、教育、瞑想にも用いられることを意図している。……
>
> 　翻訳委員会は「可能な限り逐語的に、必要に応じて自由に」という一般原則に従った。その結果、NRSV は本質的に逐語的翻訳を保持している。

　注目すべきは、NRSV がイザヤ書 7:14 の翻訳において、RSV の עַלְמָה = a young woman を踏襲したことである。

（『革新的聖書論考』pp. 227-230 参照）

英訳聖書：現代英語訳（CEV）

Contemporary English Version; NT: 1991, EB: 1995

CEV の翻訳は ABS 所属のニューマン（Barclay Newman）によって始められた。彼は Eugene Nida の "functional equivalence" の模範にならい、子供たちと英語を第二言語とする大人たちに読まれる聖書の制作を目指した。

CEV は、旧約聖書は BHS4 corrected から訳され、新約聖書は UBS3 corrected から訳され、UBS4 と比較された。新約聖書は 1991 年に出版された。

CEV はその特徴を次のように述べている。

> CEV は「読者に親切な」「宣教優先の」翻訳と言える。その言語は現代的であり、その文体は明快で叙情的なので、躓くことなく大声で読まれ、誤解することなく聞かれ、楽しく、かつ喜びと鑑識眼をもって傾聴することができるからである（"Welcome to CEV," 1995）。

CEV の読みやすさは、次の有名な聖句の翻訳にも現れている。ギリシア語に精確であるばかりでなく、英語としても優れている。

> If any of you want to be my followers, you must forget about youself. You must take up your cross and follow me. (Ma 16:24)

CEV は一般の英訳聖書に現れる伝統的な神学用語（atonement, grace, propitiation, reconciliation, redemption, etc.,）を用いず、平易に訳している。特に "grace" の翻訳に傾注し、その意義を次のように論じている。

> この語の発声は単純極まりないが、常に説明されなければならない。新約聖書における *grace* は、それが通常の用法において意味するものとは異なった何かを意味している。重要なことは、"the grace of God" という語句が、私たちが受けるに値する以上に私たちを扱われる神の働きを説明している、ということである（"Translating CEV" in *New Testament, 1991 CEV*）。

（『革新的聖書論考』pp. 234-38 参照）

英訳聖書：Message

The Message, NT: 1993, EB: 2003

　英訳聖書 Messgge はピーターソン（Eugene H. Peterson）によって翻訳された。彼は数年間神学校で聖書のヘブライ語とギリシア語を教えた後、メリーランドの Christ Our King Presbyterian Church で29年間牧師を務めた。

　ピーターソンの聖書翻訳の意図は、新約聖書が当時、街路で、市場や行楽地で使われていた会話体の言語であったことから、その言語を現代英語で言い換えることによって、現代の読者たちのうちに、古代の聴衆が経験したものに等しい同等の応答 "an equivalent response" を引き起こすことだった。

> 　（ピーターソンは）しばしば、「もしパウロが私たちの教会の牧師だったら、これをどのように言うだろうか？」あるいは「もしイエスがここで教えていたら、それをどのように発声するだろうか？」と自問した。

　この翻訳方法が従来の翻訳哲学と異なる点は、従来の形式的等価訳と機能的等価訳が現代の読者を聖書テキストの古代世界に連れ戻そうとしているのに対して、聖書テキストを現代の読者にもたらすことを追求したことである。

　翻訳には、新約聖書のテキストとして、UBS4（1993）が用いられた。旧約聖書のテキストに関しては、明記されていない。

　Message の読者にとって銘記すべきことは、Message 自体が万能聖書と考えられていず、何れ研究聖書に向かうことが期待されていることである。

> 　"Message" は読むための聖書である。それは利用可能な優れた研究用聖書に代わるものとして意図されたものではない。私の意図は、聖書が本当に読みやすいことを知らない人びとによって読まれ、また何年も前に聖書への関心を失った人びとに再び読んでもらうことである。私は妨げられない読み方を勧めるために、（最初の1500年間、聖書には「節」番号がなかったことにならって）「節」番号を削除した（"Preface: To the Reader"）。

　　　　　　　　　　　　　　　　（『革新的聖書論考』pp. 238-240 参照）

英訳聖書：ニュー・リビング訳 (NLT)

New Living Translation (NLT); 1996, 2004, 2007

「リビング・バイブル」の販売から 20 年以上を経過した 1989 年、Tyndale House Publishers は LB の改訂を決定した。さまざまな神学的背景と教派から 90 人以上の福音派の学者たちが集められ、7 年の歳月を費やして、*Holy Bible, New Living Translation* が 1996 年に出版された。その後 2004 年に改訂され、さらに 2007 年に小規模の改訂が行われた。

旧約聖書はマソラテキストの 1977 BHS から訳され、新約聖書の翻訳には、NA27/UBS4 (1993) が用いられた。

NLT の翻訳哲学と方法論は、その序論において次のように説明された。

> NLT の翻訳者たちは、聖書の原初テキストのメッセージを明快な、現代英語に訳すようにした。一方で翻訳者たちは、翻訳が精確な、明快な、自然的な英語の文章を生み出した時には、可能な限り、単純に、逐語的に訳した。多くの語や語句が逐語的に訳された。
>
> 他方で翻訳者たちは、逐語的な翻訳が理解し難いとか、誤解を与えるとか、古風な、あるいは異国風な言い方になる時には、メッセージを一層動的に訳した ("Introduction to the *New Living Translation*" in 2007 NLT)。

聖書諸文献が声を出して読まれるように書かれたという事実から（ネヘミ 8 章、ルカ 8:16-20、Ⅰ テモ 4:13、黙示録 1:3）、また現代では、個人的に聖書を読むよりも、教会で声を出して読まれるのを聞く機会の方が多い実情から、NLT は公的に読まれる時にメッセージが明快に、力強く伝わるように翻訳された。

神学的用語も平易に翻訳された。例えば、ギリシア語の *dikaiosynē* は "justification" と訳されることが多いが、NLT では、"make right with God" (Rom 4:25) と訳された。

（『革新的聖書論考』pp. 246-249 参照）

英訳聖書：ホルマン・キリスト教標準聖書（HCSB）

Holman Christian Standard Bible; 1999, 2000, 2002, 2003

　ホルマン聖書出版社は、アメリカにおける最古の聖書出版社である。

　Southern Baptist Convention Sunday School Board は NIV を用いていたが、1998 年、Dr Art Farsta 監督の下で新しい英訳聖書の制作を決定した。HCSB は学者、文章家など 100 人から成る国際的・超教派的チームによって制作された。

　聖書原語は旧訳聖書のテキストとして、BHS5 が用いられ、新約聖書のテキストとして、NA27/UBS4 (1993) が用いられた。

　HCSB の翻訳哲学は、「最適等価訳」（Optimal Equivalence）と表明され、次のように説明された。

> 最適等価訳は原初の意味と意図を決定するために、原初言語における各段階（語、語句、節、文、論述）でテキストの徹底的な分析から始める。次いで、最近の、最上の言語学的手段と専門家たちによって、意味上から、また言語学的に〔原初テキストに〕最も近似する等価語(句)が、可能な限りの明快さと読みやすさを保ちつつ原初テキストの多くの情報と意図を伝達するために用いられる（"Introduction to the HCSB"）。

　新約聖書の伝統的な神学的用語（justification, redemption, sanctification, etc.）は、それらの意味を適切に伝達する同義語が存在しないとの理由から保持された。HCSB は、ローマの人びとへの手紙 3:25 の "a propitiation" に対する脚注においてその優れた一面を見せている。

> Or *as a propitiatory sacrifice*, or *as an offering of atonement*, or *as a mercy seat*; see Heb 9:5. The word *propitiation* has to do with the removal of divine wrath. Jesus' death is the means that turns God's wrath from the sinner; see 2 Co 5:21.

（『革新的聖書論考』pp. 252-54 参照）

英訳聖書：英語標準訳（ESV）

English Standard Version (ESV); 2001, 2007, 2011

　ESV は、ティンダル訳 → AV/KJV → RV → ASV → RSV〔NASB〕と続いてきた古典的英訳聖書の逐語訳の伝統を継承している。この翻訳事業は多くの教派から選ばれた100人以上の協力によって推進された。

　原初テキストとしては、旧約聖書に BHS2 (1983) が用いられ、新約聖書に NA27/UBS4 (1993) が用いられた。

　ESV の翻訳哲学はその序論において、次のように説明された。

　　あらゆる翻訳は多くの点で、逐語的精確さと読みやすさの間の、表現上の "formal equivalence" と意志伝達上の "functional equivalence" の間の兼ね合いから成り立っており、ESV もその例外ではない。この枠組の中で、私たちは表現の明快さと文学的長所を維持しながら、「可能な限り逐語的」であることを追求した。したがって私たちは、平易な英語が許し、各事例において意味が許す範囲内で、原初言語の中で繰り返される重要な語に対しては同じ英語の語を用いるように努めた。また、文法と構文法が許す限り、私たちは新約聖書で引用される旧約聖書の箇所を旧・新約聖書の一致を示すような方法で訳出した（"Preface" in 2011 ESV）。

　ESV の文体は、創世記冒頭の荘重な散文から、歴史書の流暢な物語、詩的な書に見られる豊富な比喩と劇的な表現、預言書に響き渡る修辞学的告発、ルカの洗練された優雅さ、ヨハネの深遠な簡潔さ、パウロの綿密な理性的論理に至るまで、聖書作者それぞれの文体的特徴を生かすように練られている。

　伝統的な神学用語（faith, grace, justification, propitiation, reconciliation, redemption, regeneration, sanctification）は、それらのギリシア語が新約聖書時代にすでに重要語、専門用語となっていたことから、また今日のキリスト教の教義にとっても中心的な用語であることから保持された。

（『革新的聖書論考』pp. 255-258 参照）

英訳新約聖書の翻訳事例（凡例）

翻訳事例は、次の要領によって提示し、論評する。

(1) 翻訳事例として選んだ聖書箇所と問題点

① マタイによる福音書 6:12：この聖書箇所では、二つの問題を取り上げる。一つは、*opheilēma*（a debt）の訳し方の問題であり、もう一つは、動詞 *ophiēmi*（to forgive）の時制をめぐる翻訳の問題である。

② ルカによる福音書 17:3：ここでは *adelphos*（a brother）を、最近普及している男女包括的言語の観点から、その訳し方を論じる。

③ ローマの人びとへの手紙 1:17：ここではまず、旧約聖書（ヘブライ語）からのギリシア語訳 *ho de dikaios ek pisteōs zēsetai* の訳し方を論じ、次いで、*ek pisteos eis pistin*（from faith to faith）の訳し方を論じる。

④ ローマの人びとへの手紙 3:25a：ここでは、神学的用語 *hilastērion*（means of expiation）の訳し方を中心に論じる。

(2) 翻訳事例に掲げる英訳聖書は翻訳哲学の観点から均等に選んだ。

逐語訳（形式的等価訳）：ESV, NKJV（マタイ 6:12 のみ）

準逐語訳：NRSV, REB

形式的等価・動的等価折衷訳：HCSB, NIV

動的等価訳：NLT, CEV

(3) 翻訳事例の提示順

原初言語の英字訳の後に、英訳例を逐語訳 → 動的等価訳の順に提示する。

(4) 聖書研究

① ギリシア語テキストの探究

② 諸英訳聖書の比較研究

③ コメント（翻訳哲学、神学的見解等）

（『革新的聖書論考』p. 133 参照）

翻訳事例：マタイによる福音書 6:12

*kai aphes hēmin ta opheilēmata hēmōn, hōs kai hēmeis **aphiemen** tois opheiletais
hēmōn·* (TR)

> And forgive us our debts,
>
> As we forgive our debtors. (NKJV)

*kai aphes hēmin ta opheilēmata hēmōn, hōs kai hēmeis aphēkamen tois opheiletais
hēmōn·* (NA27／UBS4)

> And/and forgive us our debts, as we also have forgiven our debtors. (ESV,
> NRSV, HCSB, NIV)
>
> and forgive us our sins, as we have forgiven those who sin against us.
> (NLT)
>
> Forgive us the wrong we have done, as we have forgiven those who
> have wronged us. (REB)
>
> Forgive us for doing wrong, as we forgive others. (CEV)

聖書研究：*opheilēma*（a debt）の翻訳

① ギリシア語テキストの探究

　　ギリシア語の *opheilēma* は新約聖書に 2 回現れる。*opheilēma* は BDAG
によれば、第一に、金銭的な意味で支払う義務があることを意味し、*debt,
one's due* の意味で用いられる（例えば、ローマ 4:4）。第二に、道徳的な意味
での義務を表し、*debt* = sin の意味で用いられる（例えば、マタイ 6:12）。

② 諸英訳聖書の比較研究

　　opheilēmata（複数形）の翻訳をめぐっては、形式的等価訳と動的等価訳の
間で興味深い変化を見せている。形式的等価訳 → 動的等価訳への変化を見
ると、 *opheilēmata* = "debts"（NKJV, ESV, NRSV, HCSB, NIV）→ "sins"
（NLT）→ "wrong"（REB, CEV）へと変化している。

③ コメント

　opheilēma が「負い目」→「罪」→「悪／悪事」へと変化しているのは、ただ単なる翻訳哲学の問題ではなく、読者層を「キリスト者」→「一般向け」へと意図した結果と見るのが正しいだろう。すなわち、ここでは宣教という神学的観点から翻訳されている、と見るのが正しいだろう。

聖書研究：*aphiēmi* (to forgive) の時制

① ギリシア語テキストの探究

　TR の *aphiemen* (we forgive) は現在形であり、NA27／UBS4 の *aphēkamen* (we have forgiven) はアオリストである。

② 諸英訳聖書の比較研究

　TR における *aphiemen* の翻訳は、形式的等価訳の NKJV において "we forgive" と訳されており、文法的に問題はない。NA27／UBS4 における *aphēkamen* は、ほとんど "we (also) have forgiven" と訳されているが、CEV だけは "we forgive" と現在形に訳している。

③ コメント

　aphēkamen が CEV において、ギリシア語文法を無視して現在形に訳されているのは、恐らく神学的・宣教的な配慮によるものであろう。すなわち、自分に悪を行った者を容易に赦し得ない人間性を踏まえ、赦すことを前提に、この祈りがささげられるように配慮したのであろう。例えば、NAB が「形式的等価訳」を採用しているにもかかわらず、"as we forgive our debtors" と訳しているのも、その典型的な事例と言えるだろう。

（『革新的聖書論考』pp. 134-35 参照）

翻訳事例・ルカによる福音書 17:3

Ean hamartē ho adelphos sou epitimēson autō, kai ean metanoēsē aphes autō.
(NA27/UBS4)

> If your brother sins, rebuke him, and if he repents, forgive him, (ESV, HCSB, 1984 NIV)
>
> If your brother does wrong, reprove him; and if he repents, forgive him. (REB)
>
> If another disciple sins, you must rebuke the offender, and if there is repentance, you must forgive. (NRSV)
>
> If your brother or sister sins against you, rebuke them; and if they repent, forgive them. (NIV)
>
> If another believer sins, rebuke that person; then if there is repentance, forgive. (NLT)
>
> Correct any followers of mine who sin, and forgive the ones who say they are sorry. (CEV)

聖書研究：*adelphos* の翻訳

① ギリシア語テキストの探究

　ギリシア語の *adelphos* は、BDAG によれば、第一に、同じ胎内から生まれた男性 brother を意味する。第二に、第一の意味を比喩的に拡張して、親近感から一人の兄弟と見なせる人、brother, fellow member, member, associate を意味する。そして、国籍や信仰に関わりなく、創世記 9:5、レビ記 19:17 における neighbor のように、親しい友人という意味でも用いられた（マタイ 5:22 以下、7:3 以下、18:15, 21, 35、ルカ 6:41 以下を参照）。

② 諸英訳聖書の比較研究

　ESV, HCSB, 1984 NIV, REB は、*adelphos sou* をその字義通りに "your brother" と訳している。これが聖書翻訳として正しいことは言うまでもない。

他方、"another disciple" (NRSV) と "another believer" (NLT) の訳語は、このギリシア語の語句が男女包括的な意味で使われているという理解から生まれたのであろう。

　1984 NIV は "your brother" と訳していたが、2011 NIV において "your brother or sister" と訳し直された。しかし、ヤコブの手紙 2:15 には、*ean adelphos hē adephē* (a brother or sister) という表現があるので、*ho adelphos sou* を "your brother or sister" と訳すことに抵抗を感じる人がいるかも知れない。

③ コメント

　ギリシア語の *ho adelphos sou* は、形式的等価訳に見られるように、"your brother" と訳すのが正しい。しかし現代の聖書翻訳者たちは、NIV の翻訳者たちを含め、新約聖書の男性中心的表現は今日の英語圏における一般読者に違和感を抱かせる、という見解を表明している。

（『革新的聖書論考』pp. 135-36 参照）

翻訳事例：ローマの人びとへの手紙 1:17

dikaiosynē gar theou en autō apokalyptetai ek pisteōs eis pistin, kothōs gegraptai,
Ho de dikaios ek pisteōs zēsetai. (UBS4)

> For in it the righteousness of God is revealed from faith for faith, as it is written, "The righteous shall live by faith." (ESV)

> For in it the righteousness of God is revealed through faith for faith; as it is written, "The one who is righteous will live by faith." (NRSV)

> For in it God's righteousness is revealed from faith to faith, just as it is written: **The righteous will live by faith.** (HCSB)

> For in the gospel the righteousness of God is revealed — a righteousness that is by faith from first to last, just as it is written: "The righteous will live by faith." (NIV)

> This Good News tells us how God makes us right in his sight. This is accomplished from start to finish by faith. As the Scriptures say, "It is through faith that a righteous person has life." (NLT)

> because in it the righteousness of God is seen at work, beginning in faith and ending in faith; as scripture says, 'Whoever is justified through faith shall gain life.' (REB)

> The good news tells how God accepts everyone who has faith, but only those who have faith. It is just as the Scriptures say, "The people God accepts because of their faith will live." (CEV)

聖書研究：ハバクク書 2:4 の翻訳
① ヘブライ語・ギリシア語テキストの探究

　　ヘブライ語聖書の וְצַדִּיק בֶּאֱמוּנָתוֹ יִחְיֶה׃ (Hab 2:4)「ヴェツァディク　ベエムナトー　イフイェ」は、伝統的に "But the righteous will live by his faith." と訳され、"faith" は、"faithfulness" と解釈することもできると

注記されてきた。

　しかし他方では、אֱמוּנָה が "faithfulness" の意味にのみ解釈されてきた。例えば、*A Reader's Hebrew Bible* (2008) は בֶּאֱמוּנָתוֹ に対して "אֱמוּנָה trustworthiness, faithfulness" の脚注を付している。

　ちなみに、ユダヤ教では、この聖句を次のように訳している。

"but the righteous will attain life through trusting faithfulness." (CJB)

But the righteous man is rewarded with life
For his fidelity. (*The Jewish Study Bible*, 2004)

　ギリシア語テキストの *ho dikaios ek pisteōs zēsetai* は、二様に解釈される。すなわち、ハバクク書に倣い、*ek pisteōs* を後の *zēsetai* と結び付けて「義人は信仰によって生きる」と訳すことも、*ek pisteōs* を前の *dikaios* と結び付けて「信仰による義人は生きる」と訳すこともできる。

② 諸英訳聖書の比較研究

　英訳聖書の翻訳は、二つの系列に分かれている。一方の ESV, HCSB, NIV, NRSV は *ek pisteōs* を後の *zēsetai* と結び付けて "The righteous shall/will live by faith." と訳している。この訳し方は概して、逐語訳系に多い。他方の CEV と REB は *ek pisteōs* を前の *dikaios* と結び付けて訳している。ちなみに、NRSV の前身の RSV は、"He who through faith is righteous shall live." と訳していた。

　参考までに、Message はこの聖書箇所を "God's way of putting people right shows up in the acts of faith." 「神が人びとを正しくする方法は信仰の行為のうちに現れます」と表現している。

③ コメント

　ローマ人への手紙 1:17 は、ルターにとって、信仰義認の奥義に到達する契機となった聖句である。ルターは信仰義認の奥義に到達するまでの経緯を、"Preface to the Complete Edition of Luther's Latin Writings, Wittenberg, 1545" の中で次のように詳しく述べている。

遂に神の憐れみによって、日夜瞑想して、私は語句の文脈に、すなわち「『信仰による義人は生きる』と書かれているように、そのうちに神の義は啓示されています」に注目した。神の義とは、義なる者が神の義に基づいて神の賜物によって、すなわち信仰によって生きることだと、私は理解し始めた。そして、その意味するところは、神の義は福音によって啓示されており、憐れみ深い神はその受動的な義に基づいて、「信仰による義人は生きる」と書かれているように、私たちを信仰によって義とする、ということである。ここで私は、全く生れ変わり、開かれた扉から楽園そのものに入ったと感じた（John Dillenberger, *Martin Luther: Selections From His Writings*）。

　ここで、*ho dikaios ek pisteōs zēsetai* が「信仰による義人は生きる」と訳されていることに注目されたい。そのように解釈することによってルターが信仰義認の奥義に到達したことを示唆している。

　ハバクク書 2:4 の理解には、LXX のギリシア語訳にも注目する必要がある。LXX（Rahlfs-Hanhart, *Septuainta*）は、 וְצַדִּיק בֶּאֱמוּנָתוֹ יִחְיֶה׃ を *ho de dikaios ek pisteōs mou zēsetai.* と訳した。このギリシア語は、"The just shall live by my faithfulness." あるいは、"The just shall live by faith in me." と英訳される（EBC-RE, Vol.11）。

　カール・バルトはローマ人への手紙の注解において、LXX の翻訳に言及して、次のように述べている。

　恐らくパウロにも知られていたと思われるハバクク書のあの言説、'The righteous shall live *by my* [God's] faithfulness.' と読まれるべき、ギリシア語訳が存在していたことに言及しなければならない（*A Shorter Commentary on Romans* by Karl Barth, 2007）。

聖書研究：*ek pisteōs eis pistin* の翻訳

① ギリシア語テキストの探究

　ギリシア語の語句 *ek pisteōs eis pistin* は、字義通りには、"from faith to faith" を意味する。この語句の曖昧さは神学的解釈の必要性を示唆している。

② 諸英訳聖書の比較研究

逐語訳系の "from faith to faith（HCSB）／"from faith for faith"（ESV）／"through faith for faith"（NRSV）と、若干の解釈を加えた "by faith from first to last"（NIV）／"from start to finish by faith"（NLT）／"beginning in faith and ending in faith"（REB）などとの間には本質的な相違は見られない。これらの英訳は、翻訳の限界を示しているように思われる。

③ コメント

ek pisteōs eis pistin の解釈に関して、マルティン・ルターは、「未熟な信仰から成熟した信仰へ」という解釈を退け、「栄光から栄光へと……私たちが変えられるように」（Ⅱコリ 3:18）、「彼らが力から力へと進むように」（詩編 84:7）、一層明確な信仰となる意味に解釈し、また、「正しい者がいよいよ正しくさせられる」（黙示録 22:11）ように「信仰から信仰へ」と一層成長させられる意味に解釈した（"Lectures of Romans" in *Luther's Works*, Vol. 25 参照）。

ジャン・カルヴァンは、「信仰から」を、福音によって提示された義が信仰によって受け入れられる意味に解し、「信仰へ」を、私たちの信仰が進歩するように、またそれが知識において増すように、神の義が私たちのうちで豊かになる意味に解した（*Calvin's Commentaries*, Volume XIX, The Epistle of Paul the Apostle to the Romans, 65 参照）。

カール・バルトは、*pistis* に 'faith' と 'faithfulness'（ローマ 3:3 参照）の二つの意味があることに着目し、*ek pisteōs eis pistin* を "from God's prior faithfulness to human faith"（神の先行する誠実さから人間の信仰へ）の意味に解した。こうしてバルトは、*ek pisteōs eis pistin* をハバクク書の "*my* [God's] faithfulness" と調和させることを意図したように思われる（EBC-RE, Vol.11 参照）。

（『革新的聖書論考』pp. 137-40 参照）

翻訳事例：ローマの人びとへの手紙 3:25a

hon proetheto ho theos hilastērion dia [tēs] pisteōs en tō autou haimati
(NA27/UBS4)

(Christ Jesus,) whom God put forward as a propitiation by his blood, to
be received by faith. (ESV)

God presented Him as a propitiation through faith in His blood, (HCSB)

For God designed him to be the means of expiating sin by his death,
effective through faith.

> 3:25 **designed him to be**: *or* set him forth as. (REB)

(Christ Jesus,) whom God put forward as a sacrifice of atonement[1] by
his blood, effective through faith.

> [1] Or *a place of atonement* (NRSV)

God presented Christ as a sacrifice of atonement,[b] through the
shedding of his blood — to be recived by faith.

> [b] 25 Greek for *sacrifice of atonement* refer to the atonement cover
> on the ark of the covenant (see Lev 16:15, 16). (NIV)

For God presented Jesus as the sacrifice for sin. People are made right
with God when they believe that Jesus sacrificed his life, shedding
his blood. (NLT)

God sent Christ to be our sacrifice. Christ offered his life's blood, so by
faith in him we could come to God. (CEV)

聖書研究：*hilastērion* の翻訳

① ギリシア語テキストの探究

　　ギリシア語の *hilastērion* は新約聖書に 2 回現れる。BDAG は *hilastērion*
を "*means of expiation,* of Christ"（キリストによる罪の償いの手段）と定
義し（ローマ 3:25）、次いで "*place of propitiation*"（贖罪の場所）と定義して

いる（ヘブラ 9:5）。ここにおいて私たちは、このギリシア語の含蓄を学ぶ必要に迫られる。

> ギリシア語の *hilastērion* は「神の怒りに耐え、それを寵愛に変える犠牲」を意味する。この語は古代世界における一般的用語だった。古代世界の人びとは、異教徒を含め、立腹した神の怒りを逸らす犠牲の概念に親しんでいた。これは、新約聖書の著者たちがイエスの死を贖罪／和解として説明するために用いた重要な用語であった（ローマ 3:25、ヘブラ 2:17、I ヨハ 2:2、4:10）。(Wayne Grudem, in Köstenberger & Groteau eds., *Which Bible Translation Should I Use?* p. 65)

② 諸英訳聖書の比較研究

ギリシア語の *hilastērion* に関して銘記すべきは、神の怒りを宥める犠牲を意味する英語は、'propitiation' 以外にない、ということである。

> expiation は罪を抹消することを意味し、propitiation は神の怒りを逸らすことを意味する（David Dewey, *Which Bible? A Guide to English Translation*, p. 128）。

したがって私たちは、この英語を保持することによって新約聖書の重要な概念を伝達することができる。ESV, HCSB における 'propitiation' の使用は、この神学に基づいている。

他方、CEV, NIV, NLT, NRSV, REB はすべて、'propitiation' の用語を放棄し、他の語句 "sacrifice of atonement" "sacrifice for sin" などで代用している。それらの代用語句は、罪に対する神の怒りを宥める概念、すなわち新約聖書の救いを正しく理解するために不可欠な概念を欠いている(Wayne Grudem, p. 66 参照)。

③ コメント

ギリシア語の *hilastērion* の翻訳語としての 'propitiation' の重要性は、ギリシア語のテキスト研究と諸英訳聖書の比較研究によって明らかにされたが、この語句が現代人にとって難解であることも事実である。したがって、ESV,

HCSB 以外の英訳聖書の読者は、適切な注解によって学ばなければならない。

　それにつけても、現代のキリスト者たちは神の怒りに対する恐れを抱かず、したがってそれを宥めようとする信仰心が働いていないことは、嘆かわしい限りである。その態度は、彼らのキリスト教会における祈りに、また自然現象に対する態度に、顕著に見ることができる。

　　　　　　　　　　　　　　　（『革新的聖書論考』pp. 140-42 参照）

英訳聖書の選び方

　どんな英訳聖書を用いるべきかについて、ギリシア語新約聖書の学者で、ESV の翻訳にも参加した W.D. マウンスは、次のように勧めている。

① 主要聖書として一冊を選ぶこと。研究用としてなら、動的等価訳の聖書より形式的等価訳の聖書の方が好ましい。

② 何れの聖書箇所を学ぶ際にも、常に、少なくとも他の一つと照合しなければならない。もし主要聖書として動的等価訳の聖書を用いているなら、形式的等価訳の聖書と照合することを勧める。その反対でも差し支えない。

③ 私は聖書研究に際して、複数の動的等価訳聖書を——聖書テキストが意味しているものに関する翻訳者の見解を読んでいることを念頭に——調べることを楽しむようにしている。

（W.D. Mounce, Greek for the Rest of Us, 2003）

　この見解は、英訳聖書を選ぶ上で大いに役に立つ。

　英訳聖書を一冊だけ推奨するとすれば、筆者は中庸の翻訳哲学に基づく NIV を選ぶ。中庸の翻訳哲学とは、一言で言えば、原初言語に忠実でありながら、難語や曖昧な語句を解釈したものである。筆者が NIV を推奨するには、もう一つの理由がある。それは、NIV に基づく参考文献が著しく多く、聖書研究に適しているからである。

　さらに筆者は、NIV に次いで、典礼用、個人的祈りの聖書として NRSV を推奨する。

　複数の英訳聖書を選ぶ向きには、研究聖書として形式等価訳の ESV を推奨し、照合する英訳聖書として動的等価訳の NLT を推奨する。NLT は明快な英訳聖書として高く評価されている。

　形式等価訳と動的等価訳の組み合わせとしては、ESV と NLT の他に、ESV と NIV、NRSV と NLT の組み合わせが考えられる。

（『革新的聖書論考』pp. 124-28 参照）

第Ⅲ編　聖書解釈の知（論考）

〈シェマア〉の戒めの探究

前書き

　〈シェマア〉（ヘブライ語で「聞け」を意味する）は、「聞け、イスラエルよ。主は私たちの神、主は唯一である」（申命記 6:4）を意味する。〈シェマア〉の完全な形は申命記 6:4-9 に記されており、これはユダヤ教信仰の根本的な表明であり、すべての成人のユダヤ人によって毎日唱えられている。〈シェマア〉は、表現を変えて、申命記 11:13-21 および民数記 15:37-41 にも記載されている。

　〈シェマア〉はイスラエルの神とその律法に対する信仰の肯定的表明であり、すべてのユダヤ人に向けられている。

　これに対応するキリスト教の中心的な祈りは、イエスが弟子たちに教えた「私たちの父よ」（「主の祈り」マタイ 6:9-13）であり、神に向けられている。そして、地上における神の未来の王国と嘆願の成就を求めている。

　こうして、「聞け、イスラエルよ」と「私たちの父よ」は、ユダヤ教とキリスト教それぞれの宗教的表明であり、共に、共同体的性格を強調している。

　他方で、〈シェマア〉は、イエスによって第一に重要な戒めとされたので、キリスト者にとっても、真に学ぶべきものとなっている（Dan Cohn-Sherbok, *A Dictionary of Judaism & Christianity* 参照）。

　この小論では、〈シェマア〉の戒めをユダヤ教とキリスト教の両方の立場から、言語学的に、また信仰的観点から探求する。

ヘブライ語聖書における〈シェマア〉の伝統的注解

（*The Soncino Book of the Bible, Hebrew text & English translation,* ed. Dr A. Cohen, 1983)

שְׁמַע יִשְׂרָאֵל יְהֹוָה אֱלֹהֵינוּ יְהֹוָה אֶחָד׃

וְאָהַבְתָּ אֵת יְהֹוָה אֱלֹהֶיךָ בְּכָל־לְבָבְךָ וּבְכָל־נַפְשְׁךָ וּבְכָל־מְאֹדֶךָ׃

(Deuteronomy VI:4-5)

שְׁמַע יִשְׂרָאֵל יְהוָה אֱלֹהֵינוּ יְהוָה אֶחָד׃　（聞け、イスラエルよ。主は私たち
の神、主は唯一である。）

　　　主は今や私たちの唯一の神であり、他民族の神ではなく、一つの、唯一
の神として全世界によって認められるために適切な時に来られる（R）。

　　　「唯一である」は、「彼のみ」が主であることを意味する（E）。

　　　本文には、「私たちの神」と記されている。神がモーセに対して奇跡を行
ったからである（N）。

　　　「聞け」と「唯一」のヘブライ語文字の最後の「アイン」と「ダレット」
は、そこに含まれている思想に注意を集中するために大文字で書かれてい
る（S）。

וְאָהַבְתָּ אֵת יְהוָה אֱלֹהֶיךָ　（あなたはあなたの神、主を愛しなさい。）

　　　恐れからではなく、愛から主の戒めに従いなさい（R）。

　　　主の目に喜ばれることを喜んでしなさい。人生においてこれに勝る光栄
ある目的はないからである（S）。

בְּכָל־לְבָבְךָ　（あなたの心を尽くし、）

　　　ヘブライ語の לבב（לב　ではない）は、神が善悪両方の性向から愛され
ることを示す場合に用いられる（R）。

　　　לבב（心）は、mind　（知的な心、精神）を表している（E）。

וּבְכָל־נַפְשְׁךָ　（あなたの魂を尽くし、）

　　　あなたの生命を犠牲にしてさえも……（R, Sh）。

　　　נפש は、desire　（欲望、希望）を表している（E）。

וּבְכָל־מְאֹדֶךָ׃　（あなたの力を尽くして、）

　　　あなたのすべての所有物を捨てて……（R）。

　　　あなたの能力を最大限に生かして（E）。

ヘブライ語聖書の注解者たちのプロフィール

R：ラシ（ラビ・ソロモン・ベン・イサクの短縮形。1040-1105）

　ユダヤ教の神学者。ヘブライ語聖書とタルムードの注解者として有名。フランスに生まれ、生涯のほとんどをドイツ西部のライン地方で過ごし、ドイツ中南西部のヴォルムスで没した。彼の『モーセ五書注解』は特に有名で、基本的に教訓調だが、ミドラッシュから精選された見解は、まれに見る卓越した判断力と聖書本文に対する造詣の深さで際立っている。『モーセ五書注解』は、リラのニコラウスを通してキリスト教世界にも影響を及ぼした。

E：アブラハム・イブン・エズラ（1089-1164）

　ユダヤ人の詩人、文法学者、ヘブライ語聖書の注解者、哲学者、数学者、天文学者。スペインのトゥデラに生まれ、早くにヘブライ語とアラビア語を修得し、後半生は各地を旅し、スペインのアラビア文化を広めた。彼の聖書注解は、ユダヤ教の世界ではラシに次いで広く読まれている。その理由は、彼が博学だったばかりでなく、簡潔で謎めいた文体、機知と風刺に富んだ批判的精神、そして何よりも人間性に対する深い洞察力に帰することができよう。時には、言葉の意味を説明するために、自分の人生観や旅の経験を述べることもあった。

　アブラハム・イブン・エズラの思想の特徴は、モーセ五書がモーセによって書かれたという通説に疑問を投げかけたことに見られる。ここから彼は、聖書批判の父と呼ばれることもある。彼はしばしば、見解を明快に説明せず、単に仄めかすだけで満足していたように思われる。

N：ナフマニデス（1194-1270）

　スペイン北東部のヘローナに生まれ、そこで生涯のほとんどを過ごした。タルムードの法律家として名を挙げ、カバラの研究に没頭した。1263年、背教者パブロ・クリスチアニとの名高い論争の結果、スペインを去る羽目になった。聖地に赴き、聖書の注解を行った。彼の『モーセ五書注解』には、四つの顕著な要素がある。
① 聖書本文とハラハー（タルムードの法律的側面）の結び付きを示す法的論述。
② 聖書の物語に基づく道徳的価値に関する教訓。③ 本文によって示唆されている神秘的な仄めかし。④ ラシの見解としばしば対立する字義的解釈。

S：オバディア・ベン・ヤコブ・スフォルノ（1475-1550）

イタリアのチェゼーナに生まれ、ボローニャで没した。聖書とラビ文献の研究の他に、数学、哲学、医学を修めた。聖書注解において彼は、博学と鋭い洞察力を示した。彼は神秘的解釈とこじつけの説明を退けた。彼は第一に明快な意味を発見し、本文に内在する倫理的教えを発展させることに努めた。

Sh：ラビ・サムエル・ベン・メイア（1085-1174）

ラシの孫で、ラシ同様、名高いタルムード学者。彼のモーセ五書に関する注解は、文字通りの意味を重視し、しばしば独自の解釈を行い、高名な祖父と異なった見解を大胆に表明した。

〈シェマア〉に関する注解（1）

（G. Ernest Wright, "Exegesis of The Book of
Deuteronomy" in *The Interpreter's Bible*, 1978）

「主は私たちの神、主は唯一である」の注解（要約）

この語句のヘブライ語は、「ヤーウェ」、「我らの神」、「ヤーウェ」、「唯一」の４語から成り、その本質的な意味は明確である。

この語句に対するイスラエルの注意は、分割されることなく、ヤーウェと呼ばれる唯一の明確な存在者に向けられている。

「唯一」という語は、「多数」に対比して用いられ、類いなく、他と相違する意味を持っている。ヤーウェは至高の主であり、崇拝と従順の唯一の対象である。

こうしてこの節は、本質的に十戒の第一の戒めを表明したものであり、聖書の一神教を実存的な仕方で表明した模範となっている。

「あなたは愛しなさい」の注解（要約）

「神がまず私たちを愛してくださったから、私たちは愛する」（Ⅰヨハ 4:19）は、申命記においては、すべての従順の土台になっている。

「愛」という語は、家族生活の語彙に由来しており、ホセア以前には、神との関係において用いられることはなかった。ホセアは初めてそれを、

イスラエルに対する神の愛情を表現するために用い、それを夫と妻の愛に（ホセア 3:1）、さらに子に対する父の愛に（ホセア 11:1）譬えた。しかし申命記においては、この語は、人間が神に対して持つべき態度を表すのに用いられている。

　人間は他の人間を愛するように、神を愛することはできない。神への愛は、聖なる恐れ、すなわち崇敬（13 節）を必要としており、心からの従順に基づく礼拝から生まれる献身的で、一途な忠誠心で表明されるものである。従順を欠く神への愛は、愛ではない（Ⅰヨハ 4:7-21 参照）。

「あなたの心を尽くし、あなたの魂を尽くし」の注解（要約）

　「あなたの心を尽くし、あなたの魂を尽くし」は、申命記特有の表現である（4:29, 10:12, 11:13, 13:3, 26:16, 30:2, 6, 10）。ヘブライ人の心理的な「心」は、第一に知性と意志の座であり、心理的感情の全領域に関わっている。「魂」（ヘブライ語の「ネフェシュ」）は明確に定義し難いが、肉体に閉じ込められているギリシア語の魂ではない。それは第一に、身体が死ぬ時に死ぬ生命力の源である。「心」と「魂」の二語は、人が全存在をかけて神を愛するために欠かせない要素である。これらは、第三の語句「あなたの力を尽くして」によって強化される。

〈シェマア〉に関する注解 (2)

（John W. Rogerson, "Deuteronomy" in *Eerdmans Commentary on the Bible*, 2003）

　この文脈における「愛」には、感情的要素が含まれている。それはあたかも、神がイスラエルの上に自らの心を置くと言われた申命記 7:7-8（ヘブライ語の「ハシャク」は「愛すること」、「〜に愛情を注ぐ」を意味する）におけるように、また、彼らを選び、愛すると言われたように感情的である。その愛には、必然的に、神の戒めを率先して守ることが含まれている。

　「あなたの心を尽くし、またあなたの魂を尽くし」という語句は、申命記と申命記の影響を受けた書に見られる特徴の一つであり、申命記 4:29 に最初に現れる。その意味するところは英語とは異なっている。heart は人間の知的能

力の中枢であり、他方の soul （ヘブライ語の「ネフェシュ」）は感情的・精神的能力の中枢である。こうして、「心」と「魂」は一緒にして、人間の、身体的・知的・精神的な要素すべてを包括した生命を意味している。

　申命記 6:5 の might は、人間の物質的な所有物を指すものとして付加された。

新約聖書における重要な戒めに関する注解 (1)

（Craig A. Evans, "Mark" in *Eerdmans Commentary on the Bible*, 2003）

大いなる戒め（マルコ 12:28-34）の注解

　　質問は、今や、イエスに投げかけた質問に彼がどれほど巧みに答えたかを知った律法学者から発せられた。ここで提起された質問は、策略的な質問でも、イエスを罠にかけようとするものでもなかった。イエスが反論した以前の質問（12:14-15, 19-23）に対する反応とは異なって、ここでのイエスは率直な仕方で答えている。律法学者はすべての戒めの中で何れが第一の（最も重要な）戒めかと尋ねた（28 節）。イエスは「第一の」戒めとして、申命記 6:4-5 を引用して答えた。次に、「第二の」（マルコ 12:31）戒めとして、レビ記 19:18 の一部を引用した。イエスによるこの二重の戒めは、ユダヤ教の古代後期の文献と並行しており、革新的なものではなかった。

　　例えば、次のユダヤ教文献には類似の表現が見出される。

> *T. Iss.* 5:2 :「主と隣人を愛しなさい」。
>
> *T. Iss.* 7:6 :「私は心を尽くして主と人間を愛しました」。
>
> *T. Dan* 5:3 :「あなたの生命を尽くして主を愛し、心から互いに愛し合いなさい」。
>
> Philo *Spec. Leg.* 2.63 :「しかし、数多ある特別な真理と原理の中には二つの重要事がある。一つは神に対する義務であり、もう一つは人類に対する義務である」。

新約聖書における重要な戒めに関する注解 (2)

(William Manson, "The Gospel of Luke" in *The Moffatt New Testament Commentary*, 1955)

ルカによる重要な戒め（ルカ 10:25-37）の注解

（マルコ 12:28-34、マタイ 22:34-40 参照）

　「あなたはあなたの心を尽くし……あなたの神、主を愛しなさい。また、あなた自身のようにあなたの隣人を愛しなさい」という答えは、申命記 6:5 とレビ記 19:18 を結合したものであり、この戒めの合成が律法学者によって信任されているという事実は、律法を一つか二つの簡単な文章に要約しようとしていた当時の教師たちがこの定式化に同意していたことを示唆している。律法（365 の否定的な戒めと 248 の肯定的戒め）の 613 の戒めを減らすことが求められていたことは明らかで、戒めの大小、軽重の議論が浮上している（マタイ 5:19, 23:23, マルコ 12:28）。

　タルムードは、ヒレルが一つの規則（「あなた自身にとって嫌なことを、あなたの隣人にしてはならない」）を表明し、「これは完全なトーラーであり、残りのすべては注解である」と言ったことを記している。ここの事例では、イエスはその洞察が要約の中に含まれていることを認めている。人間にとって、愛情、礼拝、仕事、思想において第一の場所を神に与えることは、また、自分の隣人を、彼がして欲しいと思っているように扱うことは、確かに生命に至る道である。

　マルコ 12:28-34 における並行記事は、異なった情報源に基づいて書かれたものである。質問は異なっており、そして答えは、神に対する愛と人間に対する愛の二つの原理を結合したものであり、イエスに委ねられている。このことから、ある学者は、イエスは宗教が存立する問題に対して答えを与えた最初の人だと推論した。しかし、そういう推論は不必要である。ユダヤ教は、それ自体について定義に達していた。イエスに委ねられていたのは、それをどのように適用すべきかを示すことだった。

重要な戒めに関するユダヤ人聖書の注解

(*Jewish New Testament Commentary*, by David H. Stern, 1992)

マルコ 12:28：「最も重要なミツヴァは何れか？」の注解

mitzvah（ミツヴァ）の文字通りの意味は「戒め」であり、質問者は「トーラーの残りのすべての戒めが依存している最も重要な基本的な原理は何か？」と尋ねている。タルムードは次のように論じている。

ラビ・シムライは言った、「モーセには 613 の戒めが与えられた。それは、一年の日数に等しい 365 の否定的な戒めと、人間の組織数に等しい 248 の肯定的な戒めから成る。ダビデが出現して、その数を 11 の戒めに減らした（詩編 15）。イザヤは、それを六つの戒めに減らした（イザヤ 33:15-16）。ミカはそれを三つの戒めに減らし（ミカ 6:8）、イザヤはさらに減らし、こう言っている。『裁きを守り、正義を行え』（イザヤ 66:1）。アモスは一つに減らし、『私を求めて生きよ』（アモス 5:4）と言っている。また、ハバククは『正しい人はその信仰によって生きる』（ハバク 2:4）と言っている」。(「マッコート」23b-24a の要約)

マルコ 12:29：「聞け、イスラエルよ。主は私たちの神、主は唯一である」の注解

神が唯一であり、なおかつ、父・子・聖霊であるのか？　それは神を三分割することなのか？　神が三つであるとは、新約聖書のどこにも記されていない。しかしここでは、神は一つで、類なく、唯一の神のみが存在すると言っている——したがって、神の言葉は、神と、人間と、神と人間の関係に関する唯一つの権威ある言葉である。

「タナッハ」（Tanakh）は、数か所において、一つなる真の神の「内部構造」が父、子、聖霊を含むという、一つの *remez*（「ヒント」の意。マタイ 2:15 参照）を提供している。イザヤ書 48:16 は、神を語るのに三つの異なった用語を用いている：「それが存在した時から私はいる。そして今、神である主と聖霊が私を遣わした」。創世記 1:26 において、神は自らにつ

いて語るのに複数形を用いている：「私たちに似せて、人間を私たちのか
たちに造ろう」。ラビ的な解釈は、これは神を意味し、天使の文脈的な支
援はないと、また「威厳の複数形」とは関わりないとしている。同様に、
〈シェマア〉には、次の二つの *r'mazim* （「ヒント」の複数形）がある。

① 神に対する三つの言及（アドナイ、エロヘイヌー、アドナイ）。
② *"echad"* の語の使用。この語は、ほとんど常に複数の統一性を排除
　する *"yachid"* ではなく、複数の統一を意味する。

マルコ 12:30：「知力を尽くして」の注解

　イエスはユダヤ教の中心的な命題を引用した。その命題は、〈シェマア〉
において宣言された神の唯一性と、それに続く全存在をかけて神を愛せよ
との戒めから成っている。イエスにとって、神の唯一性と神を愛するとい
う、二つの事柄は別々のものではなく、一つの原理であった。

　「あなたの知力を尽くして」という語句はヘブライ語聖書（申命記 6:5）
にはない。これは多分、当初ヘブライ語で書かれたマタイによる福音書の
翻訳者によって付加されたものであろう。その目的は、戒めの真の意味を
ギリシア文化の環境において伝達することであった。すなわち、翻訳者は
高度な知的活動を行っていたギリシア人の知性に訴えたのである。

結　語

　〈シェマア〉の意味するところは、ユダヤ教でもキリスト教でも、実に深遠
で、多彩で、豊富の一語に尽きる。ここからすべてを豊かに学ぶ以外に、私た
ちの学びはない。

補足：ヘブライ語の「レバブ」と「ネフェシュ」については、本書 pp. 215-16
を併せて参照されたい。関連語の「プニューマ」（ギリシア語：「霊」）と「カル
ディア」（ギリシア語：「心」）については pp. 217-18 を、そして「プニューマ」
と「プシュケー」（ギリシア語：「魂」）については p. 219 を参照されたい。

（2020 年 10 月執筆）

「神の人モーセの祈り」（詩編第 90 編）を読み解く

1 主よ、あなたは代々に亘って我らの住処。

2 山々がいまだ生まれず、あなたが地と世界を造られる前から、

  永遠から永遠まで　あなたは神。

3 あなたは人を塵に戻して言われる、

  「人の子らよ、戻れ！」と。

4 なぜなら、あなたの目には千年も

  過ぎ去った昨日か、夜回りのひと時のようなものだから。

5 あなたは人びとを洪水のように押し流して、眠らされる。

6 花を咲かせて盛んでも、夕べには萎れて枯れる。

7 実に、我らはあなたの怒りによって消滅し、

  あなたの憤りに恐れおののく。

8 あなたは我らの咎を御前に、

  我らの隠れた罪をあなたの顔の光の中に置かれる。

9 実に、我らのすべての日々はあなたの怒りで衰え、

  我らは一つの物語のように一生を過ごす。

10 我らの生涯は 70 年、健やかでも 80 年、

  しかもその長所は、労苦と悲しみ、

  なぜなら、歳月は速やかに過ぎ、我らは飛び去って行くからだ。

11 誰があなたの怒りの力を知るだろうか？

  あなたの恐るべき憤りを。

12 我らの日々を数えることを、我らに教えてください。

  知恵の心が得られるように。

13 主よ、戻って来てください！

  いつまで？

  あなたの僕らを憐れんでください。

14 朝には、あなたの慈しみで我らを満たしてください、

　　　　これからのすべての日々を喜び、楽しめるように。

15　あなたが我らを苦しめた日々に応じて、我らを楽しませてください、

　　　　また、我らが災いにあった歳月に応じて。

16　あなたの御業を僕らに現してください、

　　　　また、あなたの栄光をその子らに。

17　我らの神、主の美しさが我らの上にあり、

　　　　あなたが我らの手の働きを、我らのために確かなものとし、

　　　　どうかあなたが、我らの手の働きを確かなものとしてください。

（AV/KJV, 1611 から翻訳）

主題と区分

　この詩の主題は、紛れもなく人間の生と死である。詩人は死を神の怒りとして捉え、そのことを私たちにあからさまに示し、救いを祈り求めるように勧めている。内容は、三つに分けることができる。

①　1〜6節で、神の永遠性と人間のはかなさを対比させ、

②　7〜11節で、神の怒りの下に置かれている人間の姿と切実な願いを述べ、

③　13〜17節で、神の慈しみを信じて憐れみを請い、苦しんできた過去を振り返り、これからは楽しませてください、と願っている。

表題

　冒頭に「神の人モーセの祈り」とあるのは、この詩がモーセによって書かれたことを示している。ちなみに、「神の人モーセ」と言う表現は、申命記 33:1 およびヨシュア記 14:6 にも見られる。

　モーセが自らを「神の人」と呼んでいるのは、マルティン・ルターによれば、民に律法を教えるように神から特別の使命を受けているからであり、また「祈り」という言葉を付け加えているのは、死ぬべき人間にも祈ることによって生命に対する希望が残されていることを語っているからだと言う。

第 1 節　「住処」（ヘブライ語：マオン）は暴風雨の災難から身を守る避難所を意味する。申命記 33:27 には、「永遠の神はあなたの避け所（住処）とい

う並行記事がある。

第2節　神が天地創造以前（無限の過去）から存在し、天地を創造し、これから
らも（無限の未来に向かって）存在し続けることを表明している。「あなたは
神」におけるヘブライ語の神「エル」は述語であり、呼格ではない。

第3節　「人の子ら」のヘブライ語「ベネー・アダム」は、人間が「アダマ
ー」（土）から造られたことを示している。「人の子らよ、戻れ！」によって
人間は、「あなたは塵だから塵に帰らなければならない」（創世記3:19）を踏
まえて、モーセから直接命じられて、死すべき存在となっている。「このよう
に命じているのは」、ルターによれば、「一語をもって万物を破壊し、確立す
る神のペルソナの偉大さを浮き彫りにするためである」という。

第4節　「千年」は、聖書では最長の時間の長さを示す言葉として用いられて
いる（コヘレ6:6参照）。新約聖書には、千年が一日のようである、と語ってい
る箇所がある（Ⅱペト3:8）。

　　「夜回りのひと時」は、古代イスラエルでは夜を三等分して夜回りをして
いたので、約4時間に相当する。すなわち、1回目は日没（午後6時）から
10時まで、2回目は10時から夜中の2時まで、そして3回目は2時から日
の出（午前6時）までとしていた。

第5節　「あなたは人びとを洪水のように押し流して、眠らされる」は、風雨
によって小屋や天幕が吹き飛ばされたり、流されたりして、一瞬のうちに人
や動物の生命が奪われたパレスチナの状況を反映している。

第6節　初春のヨルダンの谷や死海周辺では、朝、草花は豊かに咲き乱れるが、
太陽が高くなるとたちまち実を結び、衰え、夕方には枯れてしまう（詩編37:2
参照）。

第7節　「我らはあなたの怒りによって消滅し」は、死が罪の結果もたらされ
るという詩人自身の信念を示している。この時モーセの念頭にあったのは、
恐らく創世記の物語（3:17-19）ではなく、荒野における経験だったのであろ
う（申命記32:16）。

　　この考え方は、エゼキエルの言葉「罪を犯した魂は死ぬ」（18:4）に通じ、
パウロの言葉「罪の支払う報酬は死である」（ローマ6:23）にも反映されて
いる。罪も死も、神との断絶を意味し、神に感謝も讃美もささげられなくな

る点で共通している。

　「恐れおののく」は、死の恐怖によって苦しむ人間特有の感情を示している。他のどんな生き物も人間のように神の裁きによって苦しむことはない。かくして、7 節は、この詩の思想の核心と見なすことができる。

第 8 節　「あなたの顔」（ヘブライ語：パネーハ）は、世界に向けられている神の性質を表わしている。

　「あなたの顔の光の中に置かれる」とは、神に従うあらゆるものに恵みの光として——「主が御顔であなたを照らし、あなたを恵まれるように」（民数記 6:25）——浸透し、神に逆らうあらゆるものを根底から暴き、怒りの火をもって消滅させることを意味している。

第 9 節　「我らは一つの物語のように一生を過ごす」（we spend our yeeres as a tale *that is told.*）は、私たちの一生も一つの物語として語り終えてみれば、何も残されていないように、はかないものであることを示している。ここで示唆している物語とは、モーセにとっては、カナンの地に入る前に生涯を終えた多くのイスラエルの人びとの物語なのであろう。

　ところで、"a tale" には無駄話という意味がある。ルターはこの部分を "wie ein Geschwätz"（無駄話のように）と訳している。

　さて、「一つの物語のように」に相当するヘブライ語の「ヘモ・ヘゲ」は、「一息のように」を意味し、人生の終りが劇的なものでなく、最後に吐き出される一息のように呆気ないものであることを示している。今日では、多くの聖書がこの解釈を踏襲している。例えば、NKJV は "We finish our years like a sigh."（我らは一生を一息のように終える）と訳している。

第 10 節　「我らの生涯は 70 年、健やかでも 80 年」を裏付ける記事は、旧約聖書の中では、ダビデ王とギレアド人バルジライの対話に見出される（サム下 19:35）。

　モーセの詩やバルジライの話から言えることは、人が 80 歳まで生きられたとしても、それまでの人生とは質を異にしていることを示している。しかしここで、80 歳という物理的年齢にこだわる必要はない。老いの実態は、時代や環境の相違、あるいは個人差があって一概に論ずることはできない。むしろ老いには、ある境界が存在することに気づくことが重要なのであろう。

この点について、ルターは次のように論じている。

その境界を越えて生きることは「人生」と呼ばれるに値しない。人生にとって最も本質的なものがすべて欠けているからである。この境界を超えて生きる人びとはもはや食べ物も飲み物も本当に楽しむことができない。彼らは大抵の場合、さまざまな仕事に携わることができず、不利な立場で生き続けなければならないからである（*Luther's Works*, Vol. 13: Selected Psalms II, p. 120）。

「我らの生涯は 70 年、健やかでも 80 年、しかもその長所は、労苦と悲しみ」という前半部分は、古来多くの人びとによって引用されてきた。17 世紀のドイツの音楽家ハインリッヒ・シュッツはこの節をレクイエムに採用し、哲学者のイマヌエル・カントは強靭な精神の持ち主であり、老齢になってからも規則正しく節制した生活を実践したにもかかわらず、最晩年には老衰し、この節を手帳に書き留めていた（ヤハマン著／木場深定訳『カントの生涯』〔角川文庫〕参照）。

第 11 節　「誰があなたの怒りの力を知るだろうか？」は、人間の罪に対する神の怒りは、この人生では完全に知り得ないことを示唆している。

第 12 節　「我らの日々を数えることを、我らに教えてください」は、ある意味で、この詩の中心的テーマと見なすことができる。例えば、NKJV は、この表現を第 90 編の見出しとして掲げている。

第 12 節は一般に、私たちに残されている僅かな日々を思い、この世の富、名誉、権力などを放棄し、最高の知恵を求めるように勧めていると解されている。そして、知恵と言えば、「主を恐れることは知恵の初めである」（箴言 9:10）を思い起こす。

しかし、「我らの日々を数えること」（ヘブライ語：リムノット・ヤメーヌ）をめぐっては、もう一つ別の解釈がある。すなわち、速やかに過ぎ去る人間の性質の「はかなさ」を絶えず熟視する、という意味に解するのである。例えば、ルターはこの部分を次のように訳している。

"Lehre uns bedenken, dass wir sterben müssen, / auf dass wir klug werden."（我らが死すべきことを熟慮するように、我らに教えてください／我らが賢くなるように。）

そして、次のように注解している。

> モーセは、主が私たちに私たちの日々を数えることを教えてくれるように祈っている。これは、モーセが自分の死ぬ日あるいは死ぬ時を知ることを望んでいると解すべきではなく、影のように消えて行く人生が如何に悲惨で悲劇であるかを、彼自身と人類が篤と熟考することを望んでいると解すべきである。また、神の憤りの下にあるにせよ恩寵の下にあるにせよ、永遠を過ごさなければならないと解すべきである（*Luther's Works*, Vol. 13: Selected Psalms II, p. 128）。

　ルターの言う「永遠を過ごす」とは、永遠に生き続ける主と共に日々を過ごす、という意味に解すべきであろう。

　「知恵の心が得られるように」は、「もし彼らに知恵があれば、これを悟り、自分たちの終りを洞察したであろうに」（申命記 32:29）という思想と結び付いている。

第13節　「主よ、戻って来てください！／いつまで？」は、「あなたの怒りから戻って来てください、いつまで怒っておられるのですか？」の意味であろう。詩編 80:4 にも、これと同じような表現が見られる。

　ヨブ記 14:13 において、ヨブは神の怒りによって死ぬ人間の運命に触れ、死後の生命を激しく祈り求めている。

> もしあなたが私を墓の中に隠し、
> あなたの怒りが過ぎ去るまで私を潜ませ、
> 私のために時を定めて、
> 私を思い出してくだされればよいのに！

　「あなたの僕らを憐れんでください」との祈りは、モーセが神を厳しい方であると共に、憐れんでくださる方であることを信じていた証拠である。モーセ自身もまた、激情の人であり、慈悲に満ちた人であった。例えば、人び

とが作った金の牛を見た時、モーセは激しく怒り、それを焼き、掟の板を砕いたが（出エジ 32:19-20）、後になって、彼らの罪を赦すように、神に執り成しの祈りをささげた（出エジ 32:31-32）。

さらに、「あなたの僕らを憐れんでください」は、「主はその民を裁き、その僕らを憐れまれるであろう」（申命記 32:36）と結び付いている。

第 14 節　「朝」は、詩編では恵み、喜び、救いの時を示している（詩編 30:5; 57:8; 59:16; 92:2; 143:8 参照）。

「すべての日々を喜び、楽しめるように」と祈っているのは、神の恵みを覚えることによって喜びが一層深まる経験を土台にしているのであろう（詩編 85:7 参照）。

第 16 節　「あなたの御業を僕らに現してください」は、神の救いの摂理を信じた言葉であり、「主は岩、その御業は完全」（申命記 32:4）と結び付いている。

第 17 節　「主の美しさ」（ヘブライ語：ノアム・アドナイ）は詩編 27:4 でも称えられている。

「我らの手の働き」は、申命記に 7 回現れる申命記特有の表現で、私たちの日常の仕事を意味し、特別の業を意味するものではない。しかし、モーセがここで、一部の注解に見られるように、日常的な仕事の単なる繁栄を祈っていると解してはならない。

「確かなものにする」（ヘブライ語：コネナー）は、あくまでも「強固にする」という意味であり、現世的な業を強固なものにするとは、そのことによって罪の赦しと神の救いに対する希望が平和のうちに一層確かなものになることを意味している。こうして、そのことが二度繰り返して祈られているのは、多分、その現世的な事柄が霊的な事柄と結び付いていることを示しているのであろう。

（初出：有馬七郎編訳『詩人たちの老いと青春』〔創英社／三省堂書店 2003〕所収の「神の人モーセの祈り」〔詩編第 90 編〕）

第6戒　「ロー　ティルツァフ」の真意

前書き

　主要な邦訳聖書の十戒に現れる「殺してはならない」（出エジ20:13）という表現は、日本のキリスト者の間では、人殺し一般を禁じる戒めとして理解されている。すなわち、如何なる理由、如何なる状況の下でも人を殺してはならない、という意味に理解されている。

　しかし、ヘブライ語の לֹא תִּרְצָח׃（Exodus 20:13 in BHS）は「あなたは謀殺してはならない」を意味し、人殺し一般を禁じているわけではない。

　欧米でもかつては、欽定英訳聖書の "Thou shalt not kill." やマルティン・ルター訳のドイツ語聖書の "Du sollst nicht töten." (LutherB) の影響を受け、キリスト者たちはこの戒めを人殺し一般を禁じているように読み、教会もそう読むことを容認してきた。

　しかし、20世紀後半以降、欧米で出版された翻訳聖書は、「ロー　ティルツァフ」を忠実に訳すようになった。すなわち、英訳聖書では "You shall not murder." と訳され、独訳聖書では "Du sollst nicht morden." (HeuB, EinB) と訳され、仏訳聖書では "Tu ne commettras pas de meurtre." (TraB) と訳されるようになった。何れも「あなたは謀殺してはならない」という意味である。

　ところが日本では、何れの邦訳聖書も第6戒「ロー　ティルツァフ」の翻訳に関しては一言の注釈も付さずに、「殺してはならない」という伝統的な翻訳を固守している。

　そこで、この小論では、第6戒「ロー　ティルツァフ」の真意を探究する。

ヘブライ語「ラツァフ」から第6戒を読み解く

　ヘブライ語の「ロー　ティルツァフ」の「ティルツァフ」は動詞の原形「ラツァフ」の能動態、未完了形、男性2人称単数形であり、あらかじめ計画された殺人行為を指す。ここでは、第6戒の聖書注解から「ラツァフ」の意図を学び、「ラツァフ」の核心に迫る。

(1)　第6戒の聖書注解

　最初に、古典的なジャン・カルヴァンの聖書注解から学び、次いで現代の代表的聖書注解から学ぶ。何れの注解においても、ヘブライ語動詞「ラツァフ」の意図を的確に捉えていることは注目に値する。

　　この戒めの目的は、主は人類を一定の統一性をもって結び合わされたので、各人はすべての人の安全を守るために心を砕かなければならない、と命じることにある……。この律法は心の内での謀殺を禁じ、内なる意志に兄弟の生命を救うことをも命じている。謀殺を行うのは確かに手であるが、精神は怒りと憎しみに感化される時に殺意を抱く。このことは、あなたの兄弟を傷つけようと思って燃え上がることなしに、兄弟に対して怒ることができるかどうか考えてみれば分かる。もしあなたが兄弟に怒りを覚えることがなければ、彼を憎むことはできない。なぜなら、憎しみは継続的な怒り以外の何ものでもないからである。

　　聖書は第6戒が二つの要素を有する基盤の上に成り立っていることに注目している。すなわち、各人は神のかたち〔創世記 1:27, 9:6〕と私たちの肉体の両方を持っている、ということである……。主は、私たちが各人のうちに生まれつき備わっているこれら二つの要素を考慮することを欲し、各人の保護を求めるように私たちを導かれる。したがって、単に流血の行為を自制しただけでは謀殺の罪を免れたことにはならない。もしあなたが身をもって悪を行うなら、もしあなたが計画的に何かを企むなら、もしあなたが隣人の安全に反する何かを願ったり計画したりするなら、あなたは謀殺の罪を犯していることになる　(Institutes, II. 8. 39-40)。

Exodus 20:13

　　第6戒は謀殺（murder）を禁じている。この禁止令の背後にある倫理的神学は、全人類が神のかたちに創造された、という点にある（創世記 1:26-27; 9:6）。ヘブライ語には殺すことを意味する語が幾つかあるが、ここで用いられている語（ラツァフ）は旧約聖書に 47 回現れる。これは予謀と意図を含む "murder" を意味する唯一の語である。そこで、この禁止令は獣（創世記 9:3）、夜間の強盗から家を守ること（出エジ 22:2）、偶発的な殺人（申命

記 19:5）、謀殺者に対する国家による処刑（創世記 9:6）、あるいはある種の戦争において自国と関係を持つことには適用されない。しかし、自分自身を謀殺（自殺）すること、謀殺に加担したすべての者（サム下 12:9）、および既知の謀殺者たちを罰する権利を持ち、それを行使し損なった者たちには適用される（列王上 21:19）。（EBC-OT）

(2)　「ラツァフ」から学ぶ第6戒の核心

　聖書注解は、第6戒が二つの要素──神のかたちと肉体──を有する基盤の上に成り立っていることに注目している。そして、「ラツァフ」が予謀と意図を含むことにも注目し、殺意を抱いた時にすでに謀殺の罪を犯していることを強調している。ここに、第6戒の核心があることは疑いない。

結　語

　ヘブライ語聖書（旧約聖書）が人殺し一般を禁じていず、ある種の殺人に限定して禁じていることは、十戒以外にも広く認められる。例えば、人を打ち殺した者、計画的に人を殺す者、自分の父または母を打ったり呪ったりする者、人を誘惑したり売ったりする者（出エジ 21:12-17）、神を冒涜する者、人を打ち殺す者、動物を打ち殺す者（レビ記 24:16-21）は死の刑罰に値する、などの規定に認められる。これらの事例から見ても、第6戒「あなたは謀殺してはならない」があらゆる種類の、すべての殺人を禁じていないことは明らかである。

　歴史的観点から見ても、神の意志を行う正義の戦いは、第6戒が「同胞を守るために敵対する人の命を奪うことまでも禁じていない」という理解に基づいて行われてきたように思われる。そうでなければ、エジプト人が同胞のヘブライ人を打っているのを見て加害者のエジプト人を打ち殺したモーセの行為（出エジ 2:11-12）を正義として理解することはできないだろう。

（『革新的聖書論考』pp. 13-19 参照）

「ホース　セアウトン」から読み解く隣人愛の戒め

前書き

隣人愛の戒め「あなたの隣人をあなた自身のように愛しなさい」は、旧約聖書のレビ記にその源を発している。

וְאָהַבְתָּ לְרֵעֲךָ כָּמוֹךָ (Leviticus 19:18 in BHS)

この戒めはその後、セプトゥアギント（70 人訳聖書）を経て、新約聖書の共観福音書の中に組み込まれた（マタイ 22:39、マルコ 12:31、ルカ 10:27）。

ἀγαπησεις τον πλησιον σου ὡς σεαυτον. (Mark 12:31 in NA28)

しかし、この隣人愛の戒めは、「あなた自身のように」（「カモーハ」／「ホース　セアウトン」）という表現をめぐって、古来多くの議論が為されてきた。すなわち、「あなた自身のように」の背景に、自己愛が内包されているのか、あるいは自己否定が意図されているのかをめぐって、多くの聖書学者やキリスト教神学者・思想家たちがそれぞれの見解を表明してきた。

この隣人愛の戒めに自己愛を含むと、あるいは自己愛を前提にしていると考えるキリスト者は日本のプロテスタントの中に少なからず存在する。その主な原因は、「ホース　セアウトン」を吟味することなく、「自分を愛するように」（1954 口語訳）という翻訳を鵜呑みにしてきたことに帰せられよう。

この小論では、ギリシア語の「ホース　セアウトン」を手掛かりに隣人愛の戒めを解明する。

隣人愛の戒め、その聖書的側面の考察

(1) *hōs seauton* の探究

ギリシア語新約聖書の隣人愛の戒め *agapēseis ton plēsion sou hōs seauton.* は、「あなたの隣人をあなた自身のように愛しなさい」という意味である。このギリシア語の意図は、唯一の動詞 *agapaō* が明示している通り、隣人を「愛す

る」ことにある。

　hōs seauton の語句はヘブライ語聖書（レビ記19:18）の「カモーハ」の翻訳であり、「あなた自身のように」あるいは「あなた自身として」という意味である。したがって、*hōs seauton*（あなた自身のように）は、隣人に対して求められる愛の強さ、愛の性質を表す副詞句であり、*agapēseis ton plēsion sou*（あなたの隣人を愛しなさい）の語句を修飾している。これは、一種の比喩的表現である。したがって、一部の自己愛主張者のように、*hōs seauton* を「自分を愛するように」と訳すことはできないし、自分を愛することをもって隣人を愛する前提と解釈することもできない。

(2)　新約聖書における隣人愛の教え

　さて、新約聖書の中では、ルカによる福音書が隣人愛について明快に教えている（ルカ10:27以下）。ここでは、隣人愛の戒め「あなたの隣人をあなた自身のように愛しなさい」がイエスによって新しい観点から説明されている。その新しさは、律法学者が「隣人とは誰ですか？」と尋ねたのに対して、イエスが「三人の中で誰が、強盗に襲われた者の隣人になったと思いますか？」と、聞き返した中に隠されている。すなわち、イエスは苦しんでいる人間の最も近くに「偶然に」いた人が隣人であり、そこに居合せた人に隣人として行動することを求めている。またここでは、「私」中心の価値体系における観念的な隣人が、「あなた」中心の価値体系における現実的な隣人――すなわち、「あなた」の存在を前提にして現れる隣人――に転換されている。

　こうして、サマリヤ人の物語は、「あなた」に焦点を合わせることによって初めて、その核心に迫ることができる。サマリヤ人は傷ついて倒れている人を見て、心から同情し、彼の身になって、彼にとって何が必要なのかをとっさに判断し、彼のために最善を尽くした。すなわち、サマリヤ人は目の前にいる傷ついた人間に即して行動したのである。彼は自分をモデルにして「自分を愛するように」振る舞ったわけではない。したがって、サマリヤ人の物語を的確に要約するテーマは、「あなたの隣人をあなたの隣人として愛しなさい」となり、さらに「あなたの隣人をあなたの隣人のために愛しなさい」となる。ここで「自分を愛するように」を持ち出すほど、場違いなことはない。

隣人愛の戒め、その歴史的考察

hōs seauton の探究は、究極的には、隣人愛の戒めそのものの文脈において為されなければならない。そこで、キリスト教神学者、聖書学者たちが隣人愛の戒めを如何に理解してきたかを、歴史的に概観する。

(1) ジャン・カルヴァン（John Calvin, 1509-64）における隣人愛の思想

　カルヴァンにおける隣人愛の主論は、主著『キリスト教綱要』の中に見出すことができる。

「道徳的律法の解説」——隣人への愛

　　私たちは全律法の中に、人が自分自身の肉体の利益とするために為すべき、あるいは為すべからざる事柄に関する規定は一語も見出すことができない。そして明らかに、人間は誰しも皆、自己愛に傾倒し過ぎるように生まれついているので——また、真理からどれほど逸脱していても、自己愛を保ち続けているので——このすでに過大化した愛を増大させたり、燃え立たせたりする律法は全く必要ない。ここから、私たちが守るべき律法は私たち自身を愛するためでなく、神と隣人を愛するための律法であることは明らかであり、できるだけ自分自身のために生きず、努めない者が最も良く、最も聖なる生活をするということも明らかであり、さらに、自分自身のためにのみ生き、努め、自分自身の利益のみを考え、求める者にもまして悪く、邪悪な生き方をする者はいないということも明らかである。

　　実際、私たちが隣人への愛にどれほど深く傾倒すべきかを表現するために（レビ記19:18）、主は私たち自身への愛を定規として用いられたのである。それにもまして激しく、強い感情は考えられなかったからである。そして私たちは、この表現方法を入念に熟慮しなければならない。なぜなら主は、何人かの詭弁家が愚かにも想像したように、自己愛に第一の地位を与え、〔隣人への〕愛に第二の地位を与えていないからである。むしろ主は、私たち自身に対して自然に感じている愛の感情を他の人びとに移している。この故に、使徒〔パウロ〕は「愛は自分自身のものを求めない」（Ⅰコリ13:5）と表明している（Institutes, II. 8. 54）。

(2)　アガペーに関するアンダース・ニーグレン（Anders Nygren, 1890-1978）の解説

　スウェーデンの神学者ニーグレンは、キリスト教的な愛「アガペー」と自己愛の関係について次のように論じた。

> アガペーはすべての自己愛を排除する。キリスト教は自己愛を正当な愛の形として認めていない。キリスト教の愛は二つの方向に、すなわち神と隣人に向かって働く。そしてキリスト教の愛は、自己愛に対して戦いを挑み、征服すべき主要な敵対者を見出している。人を神から離反させ、神に対して自分自身を真に捨てることを妨げるのは自己愛であり、自分の隣人に対して心を閉ざしているのも自己愛である。キリスト教の歴史の初期に、自己愛がキリスト教の愛の第三の形として、また神と隣人に対する愛の真の基礎として語られた時、それはエロスの愛とアガペーの間の妥協以外の何ものでもなかった。アガペーはエロスの本質的な原理に順応させられ、エロス特有の特徴を帯びていた。妥協の結果、アガペーはエロスに屈服させられた。自己愛に基づく、神と隣人に対する愛は、エロスの愛以外の何ものにもなり得なかった。……
>
> 　アガペーは、如何なる種類の自己愛も認めていない（Anders Nygren, "Self-love" in *Agape and Eros* [S.P.C.K., 1953]）。

(3)　共観福音書における愛と自己愛に関する『アンカー聖書事典』の解説

　ここでは、共観福音書における愛と自己愛の関係を論じている。

> 二重の〔すなわち、神への愛と隣人への愛を命じる〕戒めの本文が「隣人をあなた自身のように愛しなさい」という命令において自己愛を認めているかどうかについては、これまでかなり論議されてきた。通俗的心理学に浸潤されているナルシシズムの文化圏においては、多くの人がこれを自己愛の戒めと解釈している。しかし、この本文は自己愛を命じていない。多分、その存在を認めているのであろうが、それ以上ではない。
>
> 　判断の尺度は「自己愛」ではない。確かに、「あなた自身のように」という表現は、自分自身を愛せよという命令を含んでいないし、人は誰しも自

87

分自身を愛すべきだとも言っていない。この比喩的表現は、自己愛の正当性を認めさせることを意図したものではないし、自己主張の力を示すことを意図したものでもない（William Klassen, "Love in the Synoptic Gospels" in ABD）。

結論：キリスト教的隣人愛の核心

さて、本考察による成果は、次のように要約することができる。

① 純粋な聖書研究では、文法的見地から *hōs seauton* が自己愛の勧めではなく、比喩的な表現であることが確認された。

② ルカによるサマリヤ人の物語は、*hōs seauton* の意図が "as you love yourself" よりも "for your neighbor's sake" にあることを示唆している。

③ 隣人愛の戒めに関する歴史的考察は、隣人愛の実践的観点から、*hōs seauton* の真意が自己愛の否定にあることを明らかにした。

カルヴァンは隣人愛の実践に自己否定が欠かせないことを明快に説明した。

聖書が私たちに、他の人びとを私たち自身よりも優れた者として扱うように〔フィリピ 2:3〕、また彼らに善を行うために誠意をもって全力を傾けるように〔ローマ 12:10〕命じる時、私たちの精神が前もって自然的感情を空しくして置かない限り、決して行い得ない命令を下しているのである。この治療法は、競争心と自己愛という、人間の最も致命的な害毒を私たちの深奥の部分から切り取る以外にない（Institutes, III. 7. 4）。

要するに、自己否定をしない限り、自己愛を排除しない限り、私たちは真に隣人を愛し得ない、ということである。これがキリスト教的隣人愛の核心であることは疑う余地がない。

（『革新的聖書論考』pp. 20-37 参照）

「ホイ　プトーコイ　トー　プニューマティ」　の真意

前書き

　山上の説教(マタイ 5-7 章)は、Μακαριοι οἱ πτωχοι τω πνευματι, ὁτι αὐτων ἐστιν ἡ βασιλεια των οὐρανων. (Matt 5:3 in NA28)　（霊的に貧しい人びとは幸いです、天の王国は彼らのものだからです）で始まる。しかし、肝心のギリシア語の語句 hoi ptōchoi tō pneumati（霊において貧しい人びと）がどういう人びとを意味するのか、判然としない。この聖句が難解な所以である。

　邦訳聖書では、「心の貧しい人びと」、「心の貧しい者」などと訳されているが、これらの翻訳は明らかに誤訳である。なぜなら、

　第一に、ここで問題にされているのは人間の pneuma（霊）であって、kardia（心）ではないからである。

　第二に、心の理想的な有り様については、「心の清い」（8 節）と言われているので、この他に「心の貧しい」を付け加える必要はないからである。

　さらに、「心の貧しい人」という表現は、「心の広い人」とは対照的に、「心の狭い人」、「思いやりのない人」を連想させる。

聖書事典からの学び

pneuma

　hoi ptōchoi tō pneumati の意味を確定することは難しい。その意味するところは、多分、内的生活の貧しい人びとを指すのであろう。なぜなら、彼らはその霊的豊かさにおいて誤った誇り（a misdirected pride）を持っていないからである。（BDAG）

pneuma

　マタイ 5:3 は、聖霊において貧しい人びとに言及しているわけではない。これは、祝福が宗教的知識や功績を豊富に持つ人びとでなく、神のみに助けを見出す人びとに与えられることを示している。（TDNT）

霊において貧しい者たちは幸いです。なぜなら、天の王国は彼らのものだからです。

　　makarioi hoi ptōchoi tō pneumati を、 *katharoi tē kardia*〔pure in heart〕（マタイ 5:8）、*tapeinous tō pneumati*〔humble in spirit〕（詩編 33:19）、*zeōn tō pneumati*〔fervent in spirit〕（使徒 18:25）、 *hagia tō pneumati*〔holy in spirit〕（I コリ 7:34）などと比較すると、これらの並行記事との類似によって、この節は明らかに「その霊が貧しい人びと」を意味している。

　意図されている貧しさの観念には、70 人訳聖書に 38 回現れる *prochōs* に対応するヘブライ語の「アニー」〔貧しさ〕を通して最善の境地に到達する。「アニー」は困窮感を抱く貧しい人間である。しかしこの語は、多くの場合、富裕な人間や権力を持つ人間によって抑圧されている貧しい人間を意味する。そこでこの語は、神を否定する人間によって抑圧されている貧しく、敬虔な、宗教的な人びとの感覚を帯びている。したがって、彼らは神の寵愛の対象である。神は彼らを忘れず（詩編 9:13）、彼らを解放し（詩編 34:10）、彼らを憐れむ（イザヤ 49:13）などの文脈から読み取れる *ptōchoi* は、神を否定する人びとによって抑圧され、踏みにじられている「貧しい人びと」、 神に従順で、敬虔な生活をするように努める人びとを意味している。彼らは、神の助けを必要としているので「貧しい」のである。

　tō pneumati は、感覚を霊化するのに、また関わりのある社会的状況よりも宗教的・道徳的状況を強調するのに役立っている。彼らの霊が貧しいのは、神の助けを必要と感じているからであり、その助けが神からのみ来ることを知っているからである。彼らは内的生活において、神からの必要を実現しており、この意識的・霊的貧困は、次の語句で約束されている祝福への要請となっている。この *tō pneumati* は、字義通りの貧困でないことを示唆している。この著者は多分、単純な *ptōchoi* はセム語の慣用句を知らないギリシア人読者によって誤解されると、正しく感じていたのであろう（W.C. Allen, *A Critical and Exegetical Commentary on the Gospel According to S. Matthew*, 1951 参照）。

マタイが「霊において」を付け加えることによって、貧しさを霊化しているのとは対照的に、ルカはただ単に「貧しい」と書いているので、多くの人はルカが歴史的イエスの真の教え——経済的な貧困への関わり——を保存していると結論付けている。しかし、「貧しい人びと」は、旧約聖書において、すでに宗教的な含蓄を持っていた。すなわち、彼らは経済的困難と社会的困窮を経験しているために、神のみを信頼している人びとだった（例えば、詩編 40:17, 69:32、イザヤ 61:1）。貧困そのものは主要事ではない。それは、神の前に謙虚さを呼び起こす時に限って結果をもたらすことができる。換言すれば、霊的に貧しくなることは、勇気を喪失することではなくて、自らの霊的破産を認識し、神のみに頼るようになることである（EBC-NT）。

結　論

「霊的に貧しい人びと」とは、貧しさ故に神により頼むことによってしか生きることを知らない人びとを指している。したがって、マタイによる福音書5:3は、次のように訳すことができる。

霊的に貧しく〔神により頼む〕人びとは幸いです、天の王国は彼らのものだからです。

（『革新的聖書論考』pp. 40-45 参照）

「アフィエンタイ　スー　ハイ　ハマルティアイ」　の探究

前書き

　イエスの赦しの宣言 ἀφιενται σου αἱ ἁμαρτιαι. (Matt 9:2, 5; Mark 2:5, 9　in NA28)（あなたの罪は赦されます）は、新約聖書の二つの物語、すなわち「中風患者の癒し」（マタイ 9:1-8、マルコ 2:1-12、ルカ 5:17-26）と「赦された罪深い女」（ルカ 7:36-50）の物語に出てくる。現代の標準的なギリシア語新約聖書（SCT, ET）における赦しの宣言は、聖書箇所によってその表現を異にしている。

　この表現の相違は、邦訳聖書にも顕著に見られる。例えば、中風患者の癒しの物語（マタイ 9:2, 5）では、「あなたの罪は赦される」あるいは「あなたの罪は赦された」と訳され、また、赦された罪深い女の物語（ルカ 7:48）では、「あなたの罪は赦された」あるいは「あなたの罪は赦されている」と訳され、何れの事例でも、時制的な相違が見られる。

　他方、主要な英訳聖書を見ると、何れの事例でも——底本として用いたギリシア語テキストの相違にもかかわらず——"Your/your sins are forgiven (you)." と、現在形に統一されている。

　この小論では、イエスの赦しの宣言を言語学的観点から、また歴史的観点から考察し、最後に実存的観点から考察する。

ギリシア語テキストを読み比べる

　各種ギリシア語テキスト間に見られる赦しの宣言の相違を明確に認識するために、現代の学識によって知り得る代表的なギリシア語テキスト 4 種類（SCT, ET, TR, & MT/BT）を、以下に英字訳で列挙する。

標準的な批評的テキスト（SCT）

aphientai sou hai hamartiai (Mt 9:2, 5; Mk 2:5, 9)

apheōntai soi hai hamartiai sou (Lk 5:20, 23)

apheōntai sou hai hamartiai (Lk 7:48)

折衷的テキスト（ET）

Aphientai/aphientai sou hai hamartiai (Mt 9:2, 5; Mk 2:5, 9)

Apheōntai/apheōntai soi hai hamartiai sou (Lk 5:20, 23)

Apheōntai sou hai hamartiai (Lk 7:48)

公認本分（TR）

Apheōntai/apheōntai soi hai hamartiai sou (Mt 9:2; Mk 2:5; Lk 5:20, 23)

Apheōntai soi hai hamartiai (Mt 9:5; Mk 2:9)

Apheōntai sou hai hamartiai (Lk 7:48)

大多数写本に基づくテキスト／ビザンティン・テキスト（MT / BT）

Apheōntai/apheōntai soi hai hamartiai sou (Mt 9:2; Mk 2:5; Lk 5:20, 23)

Apheōntai sou hai hamartiai (Mt 9:5; Mk 2:9; Lk 7:48)

コメント

　動詞 *aphientai* は、"are forgiven" を意味する。他方 *apheōntai* は、"have been forgiven" を意味する。

　上記ギリシア語テキストのうち、SCT および ET では、マタイとマルコは *aphientai*（現在形）を用い、ルカは *apheōntai*（完了形）を用いている。他方、TR および MT/BT では、マタイ、マルコ、ルカのすべてが *apheōntai* を用いている。したがって、共観福音書の調和という観点から見ると、*apheōntai* が好ましいが、後述するように、歴史的背景から、あるいは実存的観点から見ると、*apheōntai* は好ましくない。

英訳聖書を読み比べる

　イエスの赦しの宣言を「あなたの罪は〔今直ちに〕赦されます」という意味に解釈する態度は、英訳聖書全体に浸透している。

2011 NIV / 2012 NAB

　"Your/your sins are forgiven" (Mt 9:2, 5; Mk 2:5, 9; Lk 5:20, 23; 7:48)

1989 NRSV / 2003 HCSB / 2011 ESV

"Your/your sins are forgiven" (Mt 9:2, 5; Mk 2:5, 9; Lk 7:48)

"Your/your sins are forgiven you" (Lk 5:20, 23)

コメント

　興味深いのは、「赦された罪深い女」の話の中で *apheōntai sou hai hamartiai*（ルカ 7:48）と完了形で表現されているにもかかわらず、何れの英訳聖書においても "Your/your sins are forgiven." と現在形に訳されていることである。こうして英訳は、イエスの赦しの宣言が実存的であったことを示し、ギリシア語聖書の文脈から読み取れるように、権威に満ち、周囲にいた人びとに「罪を赦すことさえするこの人は誰なのだろうか？」と呟かせたほど、力強いものだったことを裏書きしている。

ギリシア語テキストの歴史的背景

　ギリシア語テキストに見られる *aphientai* と *apheōntai* の相違を解明するために、ギリシア語テキスト研究の分野において高名な二人の学者の見解を紹介する。

マルコ 2:5　*aphientai*〔B〕

　幾つかの写本では強く支持されているが、完了時制 *apheōntai* は写字者たちによってルカの記事（ルカ 5:20）から持ち込まれたもので、第二義的であるように思われる。マルコの現在時制 *aphientai* の使用は、マタイ（マタイ 9:2）によって追随された（Bruce M. Metzger, *A Textual Commentary of the New Testament*, 2nd edn. [DB, 2007]）。

マタイ 9:2, 5

　W-H および NA27 のギリシア語テキストは、Sinaiticus (4th c.), Vaticanus (4th c.), Bezae (5th c.) などの比較的良好な証拠に基づいて *aphientai sou hai hamartiai*（"your sins are forgiven."）と記している。異文は、Ephraemi Rescriptus (5th c.), Regius (8th c.), Washingtonianus (5th c.), 038 (9th c.), MT などに見られるように、動詞を *apheōntai*（"have been forgiven"）に変えている。書記たちが現在時制を不自然だと感じた

からであろう。と言うわけは、赦しは通常、継続的な働き（"your sins are being forgiven"）を必要としているからである。しかしターナー（*Syntax* 3.64）は、これを厳密な現在形 "sins receive forgiveness herewith" として説明している。異なった読み方は、持ち上がった時制問題を決着させるために、すなわち、マタイのテキストをルカ 5:20 と調和させるために創作されたものである（Philip W. Comfort, *New Testament Text and Translation Commentary* [THP, 2008]）。

コメント

メツガーは UBS4 に基づいて、マルコの現在時制 *aphientai* が本来的なテキストであり、ルカの完了時制 *apheōntai* は後代の書記たちによって変更されたものと見なしている。

コムフォートの「赦しは通常、継続的な働きを必要としている」との説明は、赦しには悔い改めや償いが欠かせないという伝統を反映したものであろう。しかし、ターナーの現在形の説明には説得力がある。イエスが赦す時には、常に「あなたの罪は〔今直ちに〕赦されます」と、実存的に赦しを与えていたと考えることは、実に理にかなっている。と同時に、この表現はなぜ律法学者たちに神を汚していると感じさせたのかを説明している。イエスが「あなたの罪は赦されます」と言ったのは、「今直ちに」という意味が込められていたからこそ、そこに居合わせた律法学者たちの耳に権威ある言葉として響いたのであろう。

結　論

イエスはご自身について「人の子は地上において罪を赦す権威を持っています」（マルコ 2:10）と言ったが、その権威とは、彼が神の御子として持っている神の権威に他ならない。彼はその神の力を行使して、「あなたの罪は赦されます」と言い、中風患者と罪深い女の罪を赦したのである。イエスの赦しの宣言が「あなたの罪を赦します」（能動態）でなく、「あなたの罪は赦されます」（受動態）となっているのは、「神の名を用いることを避けるため」であり、その表現が「あなたの罪は神によって赦されます」の省略形であることを示唆している。

これに前述のターナーの解釈「今直ちに」を加味すると、イエスの赦しの宣

言は、「あなたの罪は神によって、今直ちに赦されます」という意味になる。多分、これがイエスの赦しの宣言の真意だったのであろう。

　さらに、ルカの *apheōntai*（ルカ 5:20, 23; 7:48）を後代の書記たちによって変えられた *aphientai* の異形と見なすと、イエスの赦しの宣言は一つに統一され、すべて「あなたの罪は赦されます」という現在形になる。そして、この実存的な形こそ、イエスの赦しの言葉だったのであろう。

（『革新的聖書論考』pp. 48-54 参照）

「マセーテューサテ」　から読み解くイエスの弟子像

前書き

マタイによる福音書 28:19-20a のギリシア語は一つの文章である。

πορευθεντες οὖν μαθητευσατε παντα τα ἐθνη, βαπτιζοντες αὐτους εἰς το ὀνομα του πατρος και του υἱου και του ἁγιου πνευματος, διδασκοντες αὐτους τηρειν παντα ὁσα ἐνετειλαμην ὑμιν· (Matt 28:19-20a in NA28)（だから、あなた方は行って、すべての民に父と子と聖霊の名によって洗礼を授け、私があなた方に命じたすべてのことを守るように彼らに教えて、彼らを弟子にしなさい。）

しかし、主要な邦訳聖書は、これを二分割し、概ね次のように訳している。

> だから、あなた方は行って、すべての民を弟子にしなさい。父と子と聖霊の名によって彼らに洗礼を授け、私があなた方に命じたすべてのことを彼らに守るように教えなさい。

こうして、邦訳聖書は唯一の動詞 *mathēteusate*（弟子にしなさい）に込められた重要なメッセージを伝え損ねている。

この小論では、主題のギリシア語テキストを文法的に正しく読み、イエスの弟子となる意味を、歴史的に、かつ聖書的に探究する。

マタイ 28:19-20a のギリシア語を読む

マタイによる福音書 28:19-20a のギリシア語の文章において、動詞は *mathēteusate*（*mathēteuō*〔弟子として従う〕の命令形）一つだけで、*poreuthentes*（*poreuō*〔行く〕の分詞形）、*baptizontes*（*baptizō*〔洗礼を施す〕の分詞形）、*didaskontes*（*didaskō*〔教える〕の分詞形）の三語は分詞で、動詞ではない。ギリシア語新約聖書における分詞、特に分詞句（Participial Phrases）の用法を理解すると、一つの文章における唯一の動詞が如何に重要な意味を持っているかが分かる。すなわち、聖書作者の言い分は、その主要な意図は、その一つの

動詞に込められているのである。

　W.D. マウンスは、ギリシア語の分詞句の重要性を、奇しくもマタイによる福音書 28:19-20a を引用し、次のように論じている。

> Therefore *go* and *make disciples* of all nations, *baptizing* them in the name of the Father and of the Son and of the Holy Spirit, and *teaching* them to obey everything I have commanded you.（NIV）
>
> 　主眼点は何か？　使徒たちは二つの事柄、すなわち "go!" と "make disciples!" を果たすように告げられているように読める。しかし、ギリシア語を読むと、この文には唯一つの命令形 "make disciples!" しかなく、"Go" は、"baptizing" および "teaching" と同様に分詞形である。したがって、イエスは弟子たちに（そして私たちに）"Therefore, as you go, make disciples by baptizing and by teaching."〔だから、あなた方が行くところでは、洗礼を授けることによって、教えることによって、弟子にしなさい〕と告げているのである。私たちはどこにいようと、また、どこへ行こうと弟子を作るべきなのである（W.D. Mounce, *Greek for the Rest of Us*）。

　ギリシア語新約聖書における分詞、特に副詞的分詞（Adverbial participle）の働きを知ることは重要である。それは、定動詞に関する何かを伝達する役割を担っており、その用法は多岐にわたっている。その用法には、「時を表す」「態度」「手段」「原因」「条件」「譲歩」「目的」「結果」などの機能が含まれる。主題の聖書箇所は、文脈的に「手段」の類型に属すると見なすことができる。

マタイ 28:19-20a を英訳聖書で読む

(1)　現在分詞を用いて一つの文章として翻訳された事例

　　Go therefore and make disciples of all the nations, baptizing them in the name of the Father and of the Son and of the Holy Spirit, teaching them to observe all that I have commanded you. (ESV)

　　　　その他、ALT, CEB, HCSB, NASB, NIV, NKJV, NRSV, RSV, TNIV などが上記に準ずる翻訳を行っている。

(2)　現在分詞を用いず一つの文章として翻訳された事例

Go, therefore, make disciples of all nations; baptize them in the name of the Father and of the Son and of the Holy Spirit, and teach them to observe all the commands I gave you. (NJB)

その他、GNB, GW, REB が上記に準ずる翻訳を行っている。

(3)　二分割された翻訳事例

Therefore, go and make disciples of all the nations, baptizing them in the name of the Father and the Son and the Holy Spirit. Teach these new disciples to obey all the commands I have given you. (NLT)

Go to the people of all nations and make them my disciples. Baptize them in the name of the Father, the Son, and the Holy Spirit, and teach them to do everything I have told you. (CEV)

古代ユダヤ社会における師弟関係

　紀元一世紀のユダヤ社会においては、エルサレムを中心にトーラーが文化的側面で決定的な役割を果たしていた。エルサレムの神殿の活動が及ばない地方では、シナゴーグとベイト・ミドラッシュ（学びの家）が人びとの宗教的生活を支える上で先導的な役割を果たしていた。すなわち、シナゴーグではトーラーが読まれ、ベイト・ミドラッシュではトーラーが記憶され、学ばれた。この二つの慣習は、紀元一世紀のイスラエルに、トーラー中心の文化を築く上で大きな貢献をした。この時代の師弟関係を象徴する最も有名な言葉が、タルムードの「アヴォート篇」の中に残されている。

　　第1章　ミシュナー 1
　　　モーセはシナイからトーラーを受け、それをヨシュアに伝え、ヨシュアは長老たちに、長老たちは預言者たちに、また預言者たちは大会堂の人々に伝えた。彼ら［大会堂の人々］は三つのことを語った。裁きにおいては慎重であり、多くの弟子を養い育て、トーラーの回りに垣根をめぐらしなさい。

当時の賢者たちは、トーラー中心の文化を維持し、発展させるために、立派な弟子たちが欠かせないことを認識していたように思われる。Brad H. ヤングはイエスの時代の師弟関係について、次のように論じている。

　師としての教師たちと彼らの弟子たち

　　イエスは弟子たちに「全世界に出て行って、弟子たちをつくりなさい」（マタイ 28:19）と教えた。『父祖たちの倫理』における教説も同様に、「多くの弟子を養い育てなさい」（アヴォート 1:1）との命令に最優先権を与えている。弟子となるためには、まず師を求めなければならない。ヒレル〔紀元前 20〜後 10 年に活躍〕は 70 人の弟子を持っていたと言われている。その最年少の弟子ヨハナン・ベン・ザカイ〔50-80 年頃に活躍〕は 5 人の主な弟子を養った……。イエスは 12 人の弟子を養い、また彼の言葉を聴く群衆の追随者を持っていた。彼は本を書く代わりに、伝統的なユダヤ的口伝による教説を確立した。結局、古代のユダヤ共同体のラビたちは書かれたトーラーを学んだだけでなく、書かれたトーラーの注解と説明を含む記憶されたトーラーをも利用したのである（Brad H. Young, *Meet the Rabbis*, Rabbinic Thought and Teaching of Jesus, 2007）。

　ヤングはさらに、師弟関係をめぐってユダヤ文献と福音書の記事の間に類似があることに注目し、次のように述べている。

　　弟子は学びの経験をするために苦労することも厭わなかった。イエスの弟子たちはイエスに従うために、自分たちの家族と仕事を見捨てたことについて語っている（マタイ 19:27、マルコ 10:28、ルカ 18:28）。ラビ文献によれば、賢者の弟子たちはトーラーの学問を獲得するために、自分たちの仕事を放棄し、多大の犠牲を払っていた。

　　ミシュナーはまた、弟子となるために求められる犠牲について説明している。ラビたちは、父は息子を世に送り出すが、トーラーによって神の知恵を教える教師は彼を来るべき世に送り出す、と説く。したがって、教師と生徒の間の絆は、父と息子の間の絆に優先すると見なされる。イエスもまた、まず自分の両親、配偶者、子供たち、兄弟姉妹を憎むことなしに弟

子になることはできない、と警告している（ルカ 14:26、マタイ 10:37）。

　尊敬されている教師の弟子となることは大きな名誉だったから、若者の願望を実現させるために家族も共同体も協力を惜しまなかった。

新約聖書における師弟関係

　ギリシア語の *didaskalos* は「教師」を意味し、ヘブライ語の「ラビ」（私の師、私の先生）の訳語であり、新約聖書では 59 回用いられている。ヨハネによる福音書 1:38 には、アンドレとペトロがイエスを、ヘブライ語で「ラビ」と呼んだことが記されている（マタイ 23:8 & ヨハネ 3:23 参照）。ヘブライ語「ラビ」はアラム語では「ラボニ」と訳された（ヨハネ 20:16）。

　他方、新約聖書の「弟子」を表す名詞 *mathētēs* は、新約聖書で 261 回用いられている。「弟子になる」意味の動詞は *matheteuo* で、4 回用いられている（ほとんどの場合、自動詞）。この他に注目しなければならない表現として、イエスの弟子たちの行動を特徴付けている動詞 *akoloutheō*（弟子として従う）があり、90 回用いられている。

　新約聖書において、*mathētēs* の語は、12 人の使徒たちに対して最も頻繁に用いられ、イエスの教えに聞き従う人びとにも用いられている。その他に、洗礼者ヨハネの弟子たちにも、ファイサイ派の弟子たちにも適用されている。洗礼者ヨハネは弟子たちに、祈るように教え（ルカ 11:2）、断食するように教えた（マルコ 2:18）。ファリサイ派の弟子たちは、イエスを試みるために派遣され（マタイ 22:16）、洗礼者ヨハネの弟子たちのように断食した（マルコ 2:18）。こうして *mathētēs* は、イエスの信者たち以外の人びとにも用いられている。

　イエスの時代以後、キリスト者としての *mathētēs* の用法は、歴史的に定着することはなかった。すなわち、キリスト教共同体の慣習となることはなかった。それは多分、ヘレニズムの世界において、キリスト者たちが自分たちを *mathētēs* と自己描写（self-description）することがなかったからであろう。それは、彼らが自分たちを一般的に普及していた哲学的学派の弟子たちと混同されることを避けるためだったと考えられている（Hans Weder, "Disciple, Discipleship" in ABD 参照）。

(1) 弟子たちに対する師の模範的態度

「友人たちのために自分の生命を捨てる者、これより大きな愛を持っている者はいません」（ヨハネ 15:13）

これより大きな愛を持っている者はいません： キリストは時々、私たちの救いの確信を一層確かなものとするために、私たちに対するご自身の愛の大きさをはっきりと示された。そして今や、キリストはご自身の模範によって兄弟たちを愛するように私たちを駆り立てるために、さらに先に進まれる……。それと言うのも、キリストはご自身の慈しみがどれほど絶大な喜びであるかを私たちが信仰によって味わうことを意図し、次いでこの方法によって、兄弟愛を深めるように私たちを誘うことを意図したからである（*Calvin's Commentaries*, Volume XVIII, Gospel According to John）。

イエスが「互いに愛する」（ヨハネ 13:34 参照）ようにとの命令を繰返したのは、他の人びとの中での弟子たちの働きが弟子たち相互の今後のあり方にかかっていることを知っていたからである……。弟子たちの相互愛の基準は、主イエスの愛であり、その愛は来るべき犠牲によって立証される（I ヨハ 3:16 参照）。（EBC-NT）

(2) 師に対する弟子たちの模範的態度

誰でも私について来たいと思うなら、自分を捨て、自分の十字架を負い、私に従いなさい」（マタイ 16:24、マルコ 8:34）。

誰でも私について来たいと思うなら：この言葉は「私の弟子になりたいと思う者は誰でも、**自分自身を否定し、自分の十字架を負い、私に従いなさい**、つまり、自分自身を私の模範に従わせるようにしなさい」と、説明されなければならない。その意味するところは、キリストの真の模倣者となり、同じ道を追求することを望まない限り、何人もキリストの弟子と認められることはない、ということである。

　主イエスは、私たちをご自身に似せようと望まれた要点を知らせるために、私たちが模倣する場合に役立つ簡単な原則を規定された。それは、**自己否定と自発的に十字架を負うことの、二つの部分から成る。自分自身を**

否定しなさい。この**自己否定**は、非常に範囲が広く、私たちの自然的性向を放棄しなければならないことを、肉体的なすべての欲望に別れを告げなければならないことを、さらに、神が私たちの内で生き、私たちが支配されるという条件の下で、無にさせられることに同意しなければならないことを意味している。私たちは人びとがどれほど盲目的な愛をもって自分たち自身を重んじているか、どれほど多く自分たち自身に献身しているか、そしてどれほど高く自分たち自身を評価しているかを知っている。しかし、もし私たちがキリストの学校に入ることを望むなら、私たちはパウロが勧めているあの愚かさ（I コリ 3:18）から始め、その次に、私たちのすべての欲望を支配し、抑制しなければならない（*Calvin's Commentaries*, Volume XVI, Harmony of the Evangelists, Matthew, Mark, and Luke）。

イエスは従って来ると思われるすべての人に向かって話しかけている。弟子となる要件は二つある。① 自己の否定と、② 十字架を負い、イエスに従うことである。イエスは自己否定によって、特定の物質的なものに対して抵抗することを意味していない。彼は、自己を放棄することを、自己を生活と行為の中心としないことを意味している。自己でなく、神が生活の中心にいなければならない……。

　十字架を負うことは、生活上の何らかの苛立ちを指しているのではなく、磔刑への道を示している……。磔刑は古代の著作者たちによって最も下劣な死に方と見なされた。それは残酷で、野蛮で、最も卑劣な敵や犯罪者に対してのみ適用されるべきものだった。したがって、十字架を負うことは、屈辱の極み、最高の苦しみ、死に至るまでイエスに従い行くことを意味していた（Mark 8:34 in EBC-RE）。

結　論

　マタイによる福音書 28:19-20a は、ギリシア語で文法的に正しく読むと、「だから、あなた方は行って、すべての民に父と子と聖霊の名によって洗礼を授け、私があなた方に命じたすべてのことを守るように彼らに教えて、彼らを弟子にしなさい」となる。この聖句の主眼は、すべての民を弟子にすることにある。

この聖句における三つのキリスト教的行為は、時間的観点から見る時、それぞれの特性を明らかにする。すなわち、洗礼は一時的な行為であり、教えることはある程度の持続的行為であり、そして弟子にすることは弟子を養い育てることを意味し、一層長期にわたる歳月を必要とすることは明らかである。

　新約聖書における師弟関係は、ユダヤ教における師弟関係と類似する側面もあるが、幾つかの点で著しく異なっている。ユダヤ人たちは弟子となるために、ベイト・ミドラッシュに入るか、師と仰ぐべきラビを探さなければならなかった。しかし新約聖書では、イエスが師として、弟子とすべき人びとを探し、選び出している（マルコ 1:17, 2:14、ルカ 5:1-11、他）。ユダヤ教の世界では、弟子たちは将来ラビになり、弟子を持つことが期待されていたが、イエスと 12 人の弟子たちの間には、そういう関係は全くなかった。イエスは常に師であり、弟子たちは生涯弟子であり続けた（マタイ 23:8）。すなわち、弟子たちが召されたのは、生涯弟子として仕え、従うためだった（マタイ 10:24-25, 37、ルカ 14:26-27、ヨハネ 11:16）。私たちはここに、イエスの真の弟子像を見ることができる。

　マタイによる福音書 28:19-20a における、すべての民を弟子にせよとの命令は、イエスの弟子像を背景にして初めて、正しく理解され、評価される。したがって、弟子にしてから、洗礼を授け、教えを守るように教える、不適切な翻訳は、可及的速やかに改められなければならない。

（『革新的聖書論考』pp. 55-68 参照）

邦訳聖書における翻訳の多様性

前書き

　邦訳聖書において多様に訳されている訳文を検証するため、まずギリシア語新約聖書から聖書研究にふさわしい３か所を選び、それらを正確に理解するため、有馬訳を付し、翻訳哲学を異にする３つの英訳聖書（ESV, NIV, NLT）の翻訳を提示する。そして最後に、４つの代表的な邦訳聖書の翻訳を提示し、論評することによってそれらの翻訳の多様性を実証する。

凡例

　　岩波版：岩波書店版新約聖書 1995-96

　　フランシスコ会訳：フランシスコ会聖書研究所訳注 2011

　　新改訳：聖書 新改訳 2017

　　共同訳：聖書 聖書協会共同訳 2018

翻訳事例１：マタイによる福音書 7:7

Aiteite kai dothēsetai hymin, zēteite kai eurēsete, krouete kai anoigēsetai hymin·

(NA27, 28)

〔あなた方は〕求めなさい、そうすれば〔それはあなた方に〕与えられるでしょう。〔あなた方は〕探しなさい、そうすれば〔あなた方は〕見つけるでしょう。〔あなた方は門を〕叩きなさい、そうすれば〔それはあなた方のために〕開かれるでしょう。（有馬訳）

　　Ask, and it will be given to you; seek, and you will find; knock, and it
　　　　will be opened to you. (ESV)

　　Ask and it will be given to you; seek and you will find; knock and the
　　　　door will be opened to you. (NIV)

Keep on asking, and you will receive what you ask for. Keep on seeking, and you will find. Keep on knocking, and the door will be opened to you. (NLT)

求めよ、そうすればあなたたちに与えられるであろう。探せ、そうすればあなたたちは見いだすであろう。叩け、そうすればあなたたちは開けてもらえるであろう。(岩波版)

求めなさい。そうすれば与えられる。探しなさい。そうすれば見出す。たたきなさい。そうすれば開かれる。(フランシスコ会訳)

求めなさい。そうすれば与えられます。探しなさい。そうすれば見出します。たたきなさい。そうすれば開かれます。(新改訳)

求めなさい。そうすれば、与えられる。探しなさい。そうすれば、見つかる。叩きなさい。そうすれば、開かれる。(共同訳)

コメント

　「求めなさい」「探しなさい」「叩きなさい」を意味するギリシア語動詞の文法形態は、何れも2人称複数形命令法である。また、「与えられる」「見つかる」「開かれる」の文法形態は、何れも未来形である。これらの文法を無視する翻訳は、古代語翻訳の原則から逸脱したものと見なされる。

　岩波版は、「求めよ」(命令法)、「与えられるであろう」(未来形)と訳し、唯一、ギリシア語の文法形態に忠実な翻訳を行っている。この岩波版は口語体で書かれたことが分かっている NA27 から訳されたが、この翻訳はどう見ても口語体ではない。その点で改訂する余地がある。

　フランシスコ会訳と共同訳は、「求めなさい」(命令法／敬体)、「与えられる」(現在形／常体)と訳し、ギリシア語の文法形態に忠実でなく、文体も混在しており、好ましからざる翻訳となっている。

　新改訳は、「求めなさい」(命令法・敬体)、「与えられます」(現在形／敬体)と訳し、ギリシア語の文法形態に忠実でないが、文体は敬体で統一されていて、違和感のない読みやすい翻訳となっている。

翻訳事例2：　ヨハネによる福音書 1:1-3a

En archē ēn ho logos, kai ho logos ēn pros ton theon, kai theos ēn ho logos. autos ēn en archē pros ton theon. panta di' autou egeneto, (NA27, 28)

初めに言葉がありました。そして、言葉は神と共にありました。そして、言葉〔キリスト〕は神でした。彼は初めに神と共にありました。万物は彼を通して造られました。（有馬訳）

> In the beginning was the Word, and the Word was with God, and the Word was God. He was in the beginning with God. All things were made through him, (ESV)

> In the beginning was the Word, and the Word was with God, and the Word was God. He was with God in the beginning. Through him all things were made; (NIV)

> In the beginning the Word already existed. The Word was with God, and the Word was God. He existed in beginning with God. God created everything through him, (NLT)

はじめに、ことばがいた。ことばは、神のもとにいた。ことばは、神であった。この方（かた）は、はじめに神のもとにいた。すべてのことは、彼を介（かい）して生じた。（岩波版）

初めにみ言葉があった。み言葉は神とともにあった。み言葉は神であった。み言葉は初めに神とともにあった。すべてのものは、み言葉によってできた。（フランシスコ会訳）

> 訳注：万物が造られた時、神とともにすでに存在していた「み言葉」（ギリシア語で「ロゴス」）は、神の独り子であるキリスト（1:14, 18; 3:16, 18; Ⅰヨハ:4:9 参照）、神の啓示者、また啓示そのものであるキリストを指す（12:45; 14:9 参照）。

初（はじ）めにことばがあった。ことばは神（かみ）とともにあった。ことばは神（かみ）であった。この方（かた）は、初（はじ）めに神（かみ）とともにおられた。すべてのものは、この方（かた）によって造（つく）られた。（新改訳）

初めに言があった。言は神と共にあった。言は神であった。この言は、初めに神と共にあった。万物は言によって成った。（共同訳）

コメント

　冒頭の有馬訳において、第2節の「言葉」（logos）に「イエス」を補足した。ヨハネの意図を明確に示すためである。こうすることによって私たちは、言葉が先在的存在であり、創造者と共存的存在でもあったことを明確に理解する。そして、創造者の神が言葉の働きを通してご自身の意図を遂行したことを理解する。（EBC-RE 参照）

　この聖書個所において翻訳に差が生じるギリシア語が二つある。一つは2節冒頭の autos である。autos（代名詞・単数男性形）は文法的に先行の logos（名詞・単数男性形）を指すので、その忠実な訳語は「彼」である。もう一つは di' autou の dia である。dia は、一般的に「を通して」（'through'）あるいは「によって」（'by' or 'by means of'）と訳すことができるが、この文脈では前者が当てはまる。英訳聖書では、何れもギリシア語に忠実に訳されている。

　しかし邦訳聖書には、ギリシア語の autos と dia を忠実に訳しているものは見当たらない。まず邦訳の autos の訳し方に注目してみる。フランシスコ会訳は「み言葉」と訳し、共同訳は「言」と訳している。autos が先行の「ロゴス」を指すところから、「言葉」と訳したことは正確ではないが、邦訳としては許容の範囲に入るであろう。他方、岩波版と新改訳は共に「この方」と訳しているが、先行の「ことば」を「この方」で受けるのは、日本語としては不自然である。フランシスコ会訳のように訳注を付す必要があろう。

　次に、dia の訳し方に注目してみる。岩波版のみが、ギリシア語に忠実に訳している。万物は「ロゴス」（キリスト）を通して〔神によって〕造られたのであって、「ロゴス」によって造られたわけではない。したがって、フランシスコ会訳の「み言葉によってできた」、新改訳の「この方によって造られた」、共同訳の「言によって成った」は、何れも誤訳である。注目すべきは、3つの英訳聖書すべてが「万物が "through him"（彼〔言葉／キリスト〕を通して）造られた」と翻訳していることである。

翻訳事例３：　コリント人への第１の手紙 15:20

Nuni de Christos egēgertai ek nekrōn aparchē tōn kekoimēmenōn. (NA27, 28)
しかし、今やキリストは眠りについた者たちの初穂として、死者たちの中から
甦らせられました。（有馬訳）

> But in fact Christ has been raised from the dead, the firstfruits of those
> who have fallen asleep. (ESV)
>
> But Christ has indeed been raised from the dead, the firstfruits of those
> who have fallen asleep. (NIV)
>
> But in fact, Christ has been raised from the dead. He is the first of a
> great harvest of all who have died. (NLT)

> しかし今やキリストが、眠りについている者たちの初穂として、死者たち
> 〔の中〕から起こされているのである。（岩波版）
>
> しかし、今やキリストは死者の中から復活され、眠りに就いていた人たち
> の初穂となられました。（フランシスコ会訳）
>
> しかし、今やキリストは、眠った者の初穂として死者の中からよみがえら
> れました。（新改訳）
>
> しかし今や、キリストは死者の中から復活し、眠りに就いた人たちの初穂
> となられました。（共同訳）

コメント

　この聖句の動詞は *egēgertai* だけである。したがって、キリストは初穂とし
て甦らされたのであって、甦らされて初穂となったわけではない。

　フランシスコ会訳と共同訳は、名詞 *aparchē*（初穂）を動詞のように訳して
いるので、ギリシア語新約聖書に忠実な翻訳とは言えない。

　岩波版と新改訳は *egēgertai* を文中唯一の動詞として訳している点では評価
できるが、他の箇所の訳し方に問題がある。すなわち、

　岩波版では、*egēgertai*（完了形・受動態）が時制的に正確に訳されていず、
邦訳聖書の中で最も不適切な翻訳となっている。またパウロは、*egēgertai* を
一貫してキリストの甦りの意味に用いているので、「起こされる」と訳すことは

適切でない。パウロにとって、キリストの復活とは、墓の中から「起こされる」ことではなく、幻として現れることを意味していたからである。彼は、主の幻が最初にペトロに現れ、次いで他の信者たちに現れ、さらにダマスコ途上で自分にも現れたと告白している（Ⅰコリ 15:5-8）。

　　新約聖書における *egeirō* の核心は、イエスの死からの甦りに関わりを持っていることである。新約聖書の諸書簡は、フィリピ 1:17 除き、この動詞をイエスの復活以外の意味には用いていない（MCED）。

　新改訳は、ギリシア語の *kekoimēmenon*（眠りについた者たち）と *nekrōn*（死者たち）が複数形であることを見落としている。また、キリストは〔神によって〕甦らせられたのだから、自ら甦ったように、「よみがえられました」と訳すのは適切でない。

（2020 年 7 月　執筆）

マルティン・ルターの聖書の読み方

聖書を読み続けたルター

　若かった頃、私は聖書を何度も何度も繰り返し読み、聖書に完全に精通していたので、どのような機会にも、言及されている聖書個所がどこかを指摘することができた。その頃、さまざまな注解書を読んだが、直ぐに放棄した。なぜなら、そこに書かれている多くの事柄が聖なるテキストに反していて、私の良心を納得させなかったからである。聖書は常に、他人の目をもって見るよりも、自分自身の目で見る方が役に立った。(John Piper, *The Legacy of Sovereign Joy*, God's Triumphant Grace in the Lives of Augustine, Luther, and Calvin, 2000　参照)

　私は何年間も、毎年聖書を二度通読してきた。もし聖書が大きな力強い木で、そのすべての言葉が小枝であるなら、私はそのすべての小枝を叩いて、そこに何があり、それが何を実らせようとしているのかを知ろうとした。(*What Luther Says*, A Practical In-Home Anthology for the Active Christian, comp. Ewald M. Plass, 1959　参照)

　ルターは少なくとも 10 年間、その〔毎年聖書を二度通読するという〕習慣を守った。(Heiko A. Oberman, *Luther: Man Between God and Devil*, 1989　参照)

聖書は外在的な言葉

　ルターは 1539 年に、詩編第 119 編を注解して、「この詩編において、ダビデは常に、日も夜も絶えず、神の言葉と戒めについてのみ話し、考え、語り、読むであろう、と言っている。神は外在的な言葉を通してのみ、ご自身の霊をあなた方に与えることを望んでいるからである」(Ewald M. Plass)。この表現は極端に重要である。「外在的な言葉」とは、聖書のことである。そしてルターは、救い、聖化、神の霊の照明は、この「外在的な言葉」を通して私たちに来る、と言う。ルターがそれを「外在的な言葉」と呼ぶのは、それが客観的で、固定的で、私たち自身の外にあり、それ故に不変であることを強調するためである。聖書は神のように外在的である。

「外在的な言葉」がなければ、私たちは他者から来る霊を知ることはできないだろうし、聖霊自体の客観的な人格も主観的な表現の霞の中で消え失せるであろう。

　聖職者たちは本質的に一冊の本によって伝達される神の言葉の仲買人である。私たちは基本的に、聖書のメッセージの読者であり、教師であり、布告者である。（John Piper 参照）

ルターの聖書研究

　聖書が研究と才能によって洞察し得ないことは、ほとんど確実である。したがって、あなたの第一の義務は、祈り始めることである。そして、神の栄光のために——あなたのためでも、他の誰のためでもなく——何かを成し遂げることが神を喜ばせるなら、神がご自身の言葉を真に理解する力を憐れみ深く与えてくださるように祈ることである。なぜなら、神の言葉の達人は、「彼らは皆、神から教えられる」（ヨハネ 6:45）と言われているように、これらの言葉の創始者を除いて存在しないからである。したがって、あなたはあなた自身の勤勉と能力に完全に絶望し、聖霊の導きのみに頼らなければならない。

　聖書は恐れと謙虚さをもって扱われ、知性の鋭さよりも敬虔な祈りに基づく研究によって（！）、一層洞察されることを欲しているので、あたかも聖書がただ単なる人間の知識であるかのように、自分たちの知性のみに頼り、子豚のような汚れた足で聖書に突進する人びとは、必ず自分たちと自分たちが教えている人びとを傷つけてしまう。（Ewald M. Plass 参照）

聖書言語に関するルターの見解

　私たち自身の本を知らないことは、また私たちの神の話し方と言葉を理解しないことは、罪であり、恥である。私たちが〔ヘブライ語とギリシア語の〕両言語を研究しないことは、特に神がこの研究への刺戟を私たちに与えて、ご自身の聖書を誰もが読める一冊の本とすることを望んだ時代における両言語を研究しないことは、一層大きな罪であり、損失である。もし親愛な父祖たちが、両言語を研究する私たち同様の機会を持ち、聖書として整えるに至っていたならば、どれほど幸せだったことか！

　〔ヘブライ語とギリシア語の〕両言語がなければ、私たちは福音を受けることができなかった。両言語は霊という剣を収める鞘である。それらは古代思想という高価な宝石を収める［器］である。それらはワインを保存する容器である。そして福音書が言うように、それらは大群衆を養うためにパンや魚を保存しておく籠である。

　もし私たちがその文献を無視するなら、私たちは結果的に福音を失うであろう。人びとが両言語を修めることを止めるや否や、キリスト教世界は——教皇の明白な支配下で没落するまで——衰退する。しかし、この松明が再び点されるや否や、この教皇の鼻は金切り声をあげて同質の暗闇の中に逃げ去る。以前の時代には、教会教父たちは両言語について無知だったために、しばしば過ちを犯した。今日でも両言語は何の役にも立たないと考える人びとがいる。彼らの教義は正しいが、聖なるテキストの真の意味を探求する上で、彼らはしばしば過ちを犯してきた。彼らは武器を持たないで過ちに立ち向かっている。私は、彼らの信仰が純粋であり続けられないのではないかと恐れている。(John Piper 参照)

（2020 年 11 月　執筆）

ジャン・カルヴァンの聖書の読み方

聖書は神の言葉

聖書は「神の言葉」であるから、説教者はその言葉を伝える謙虚な僕である重責を担っていた。したがってカルヴァンは、自分自身の意見を聖書テキストの中に持ち込まず、「純粋な言葉」の「純粋な教え」を伝達することに専念した。カルヴァンの目的は、人間である作者が聖霊に導かれて意図した「著者の精神」を説明することだった。(Susan Schreiner, "Calvin as an interpreter of Job" in Donald K McKim, ed. *Calvin and the Bible* 参照)

カルヴァンの聖書解釈

カルヴァンは、中世の神学者たちが文字通り歴史的な意味および文字通り預言的な意味と呼んだ両方を尊重して、豊かにされた文字通りの意味に焦点を合わせた。カルヴァンにとって、歴史的意味とは物語的、すなわち平易な意味だった。彼はテキストそれ自体が読者に示しているままのテキストの表面的な意味に焦点を合わせた。彼は――テキストが単に興味をそそる手掛りを提供するに過ぎない、テキストの背後にある物語を探求する――後代の歴史的批評家たちによって時々定義されたような歴史的意味を念頭に置いていなかった。カルヴァンは啓蒙主義の子供ではなかった。

カルヴァンの解釈は、それ自体が目的ではなく、読者の啓発に向けられていた。聖書研究の目的は、人びとを神に関する知識と神の愛に目覚めさせ、それらを強め、そうすることによって隣人への愛に目覚めさせ、それを強めることにあった。カルヴァンは、しばしば層状の解釈を提供した。それは、聖書テキストに関する詳細な説明から始めて、そのテキストを読者の生活に適用させた後に、再びテキストそのものに戻って詳細な説明を行うことを意味していた。彼の特徴は、過去と現在の間に、テキストと読者の間の隔たりに、類似を用いることによって橋を架けたことだった。彼は時々、預言と成就の間の隔たりに、弁証法的論証を駆使して橋を架けた。(D.C. Steinmetz, The Theology of John Calvin, in *The Cambridge Companion to Reformation Theology* 参照)

カルヴァンの聖書注解の原則

カルヴァンは、聖書が私たちにとって如何に重要かということを説明するために、<u>有益な</u>（useful）という語をしばしば用いた。パウロは、「聖書はすべて神の霊感によるもので、教えのために、叱責のために、矯正のために、そして正義の訓練のために有益です。したがって、神に属する誰もがあらゆる良き働きのために熟達し、整えられるためです」（Ⅱテモ 3:16-17）と書いている。聖書注解者としてのカルヴァンは、この道に従い、自らの仕事を有益なものとなるように努めた。彼は自分自身を美化することには関わらなかった。

カルヴァンは聖書注解において一定の規則に従った。聖書の注解者たちは、第一義的に、原初の著者たちが言おうとしていた事柄（mens scriptoris 聖書の意図）の問題に焦点を合わせる必要がある。カルヴァンはこのことを、1539 年 10 月 18 日付けの、バーゼルでギリシア語を教えていたシモン・グリナエウス（Simon Grynaeus, 1493-1541）への手紙で書いた。二人はその何年か前に、優れた注解を特徴付けるものは何かについて論じていた。二人は、聖書釈義者は如何なる拡大的説明の必要性も認めず、著者が言おうとしている事柄を明快かつ簡潔に書くべきである、という点で合意していた。

カルヴァンは、聖書釈義者たる者は聖書注解をする時には、著者が言おうとしていた事柄に従う必要があるという、この意向を自らの説教、講義、および注解において保持した。これは、言語は人びとにとって、思想を言葉に置き換える一手段である、という見解に基づいている。

ギリシア語に加えて、カルヴァンのヘブライ語の知識は、各語の意味を個別に確定できるほど堪能だった。語が幾つかの異なった意味を持つ時には何時でも、文脈によって正しい意味を明確にすることができた。時々、同じ語を持つ他のテキストが比較のために利用された。しかし、カルヴァンは常に、文脈の中でのテキストの意味に焦点を合わせた（「第2スイス信仰告白」の第2章「私たちは聖書自体から得られる正統的で純粋な聖書解釈を保持する」を参照せよ）。

（Wulfert de Greef, "Calvin's Understanding and Interpretation of the Bible" in *John Calvin's Impact on Church and Society, 1509-2009*, ed. Martin Ernst Hirzel & Martin Sallmann, 2009 参照）

聖書の自己解釈を忌避

　カルヴァンは聖書の福音の代わりに、自分たち自身の考えを説教する人びとを極度に嫌悪し、「私たちが説教壇に上る時、私たち自身の夢や空想を抱いて上ることができると考えてはならない」と言った。しかし他方では、説教者の務めは、聖書の観念を聖書の言語でただ単に繰り返すことではなかった。彼は目前の会衆に、聖書が意味するところを説明し、その教えを会衆に適用しなければならなかった。(T.H.L. Parker, *Portrait of Calvin*, 2010 参照)。

（2020 年 11 月　執筆）

ハインリヒ・ブリンガーの聖書解釈の原則

　第2スイス信仰告白（1566）はハインリヒ・ブリンガーの起草に成る改革派の信条であるが、その中で聖書の解釈に関する原則が明解に表明されている。

第2章　聖書の解釈、教父、会議、伝承について

[1]　聖書の解釈

　使徒ペトロは、聖書は個人的な解釈をしてはならない（Ⅱペト1:20）と言った。そこで私たちは、すべての身勝手な聖書解釈を認めない。したがって私たちは、ローマ教会の概念と呼ばれているもの、すなわち、ローマ教会の擁護者たちが単純に受け入れるように強制しているものを、真の、あるいは純粋な聖書の解釈として認めない。しかし私たちは、聖書自体から得られる解釈（すなわち、聖書言語の性質から、また聖書が置かれた環境によって解釈し、また類似の、あるいは類似していない箇所に照らして、また多くの明確な箇所に照らして解釈すること）、また信仰と愛の規則に合致し、神の栄光と人間の救いに大いに貢献する聖書の解釈が正統で、純粋なものであると主張する。

[2]　聖なる教父たちの解釈

　私たちは、聖なるギリシアおよびラテンの教父たちの聖書解釈を軽蔑しないし、聖なる事柄に関する彼らの議論や論文も、聖書に合致する限り拒絶しない。しかし私たちは、彼らが聖書と異なる事柄、あるいは聖書と全く相容れない事柄を書いているのを見出した時には、彼らから謙遜に離れる。私たちはこの問題で、彼らに害を加えているとは考えない。彼らは皆、一致して、自分たちの著作を正典的聖書と同等とは見なしていない。それどころか彼らは、自分たちの著作が聖書と一致しているか、いないかを立証するように、そして一致しているものを受入れ、一致していないものを拒絶するように、私たちに命じている。　　　　　　　　　　　（CCFCT, Vol.Ⅱ から抜粋）

（『革新的聖書論考』pp. 80-81 参照）

カトリック的聖書解釈の7原則

原則1：神の言葉は人間の言語による神の表明

　カトリック的聖書解釈は、聖書が神の霊感による言葉であり、人間の言語によって表現されているという確固たる信念に基づいている。神の言葉は聖霊の指示と霊感によって書かれたものであると共に、知的な能力と限界を持つ人間の著作者たちによって書かれたものである。その思想と表明は、全聖書が神からと、霊感を受けた人間の著作者たちから同時に生まれたという意味で、神と人間の所産である。

原則2：神の言葉は歴史において啓示されたもの

　カトリック的聖書解釈は、聖書の啓示的性格と神ご自身が歴史において人類に啓示された「生ける言葉」（ヨハネ 1:14）であるが故に、歴史と深く関わっている。とは言え、聖書は自然的秩序に還元されることは全くなく、歴史における超自然的な神の介入を完全に肯定する。

　聖書テキストの解釈は、人間の著作者たちによって表現された意味と一致させなければならない。したがって、カトリック聖書解釈者たちは、聖書の著作者たちのメッセージの意味を原初の聴衆のために、また現代の読者のために明らかにすることを目指して、聖書テキストを古代の文脈の中に置かなければならない。

原則3：神の言葉は聖なる伝統であり、聖典である

　カトリック的聖書解釈は、神による啓示という一つの源泉——「聖典」と「聖なる伝統」——が存在するという確固たる信念に基づいている。カトリック教会がどの書物を聖書の正典に含めるべきかを決めるのは、使徒の伝統であり、神の言葉を真に正しく理解するのを助けるのは、とりわけ聖なる伝統である。

原則4：神の言葉は旧・新約聖書の統一性において啓示された

　カトリック的聖書解釈は、聖書の正典としての全体、すなわち旧・新約聖書

の統一性と首尾一貫性を強調する。神の言葉の一元的特徴は多くの方法で明らかにされているが、カトリック聖書解釈者たちは次の３点を特に弁えなければならない。

　　① 契約の主題
　　② 聖書予型論〔新約聖書の人物や出来事は予め旧約聖書に示されていたとする学説〕
　　③ キリストにおける要約

　これらと他の方法で私たちは、アウグスティヌスの結論、すなわち「新約聖書は旧約聖書にうちに隠されており、旧約聖書は新約聖書において明らかにされている」を肯定する。

原則５：神の言葉は意味を持つ

　カトリック的聖書解釈は、神の言葉が意味において豊かであり、研究の多様性が解釈者たちのテキスト説明を助けることを肯定する。聖書に関するどのような解釈法も、聖書の深遠さを究めるには十分でない。そこで、カトリック聖書解釈者たちは、古代・中世・現代の聖書的学識を含む、さまざまな方法による探求から益を得る。このような多数の研究方法は、聖書の隅々まで有益な光を投げ、カトリック教会の伝統内で、また信仰に基づく聖書解釈学によって彼らに一つの「読み方」を提供する。

原則６：神の言葉は正統的で、調和のとれた方法論的分析を要求する

　カトリック的聖書解釈は、正統的で、調和のとれた分析を要求する。要するに、すべての分析は卓越した学識に基づき、確固たるキリスト教信仰に裏打ちされ、牧会的関心と神の民の必要を反映するものでなければならない。聖書解釈においてこのような抑制を保証する、本質的な基準は次の三つである。

　　① 聖書の内容と統一性に配慮すること
　　② 聖書すべてをカトリック教会の生きた伝統に基づいて読むこと
　　③ 信仰の類似（あるいは規則）を参照すること

原則7：神の言葉は生命を与え、活動的である

　神の霊感による言葉は、教会生活において生命を与え、基礎を据え、信頼できる役割を果たす。したがって、カトリック的聖書解釈は、表現の理解、概念、および出来事をもって終わらない。それは、言語が語る現実感、超越的な現実感、神との交わりに到達することを目指すものでなければならない。

　カトリック教会は、古代のテキストを今日生きる御言葉として絶えず現実化することを、すべての状況と文化の中でそれを体現することを求められている。この目的を達成するためにカトリックの聖書学徒は、男も女も自分たちの変化し得る力を確信して、聖書を忠実に、かつ明確に読み、学び、祈り、宣言できるように、前述せるすべての原則を実現する能力を身に付けなければならない。

(Steven C. Smith, *The Word of the Lord, 7 Essential Principles for Catholic Scripture Study*, 2012 要約)

(2020年12月 執筆)

第IV編　キリスト教の主要教義の知

「使徒信条」（8世紀）とその解説

「アウクスブルク信仰告白」（1530）および

「アウクスブルク信仰告白の弁証」（1530-31）の解説

「ハイデルベルク教理問答」（1563）の成立事情

「第2スイス信仰告白」（1566）の解説

「ウエストミンスター信仰告白」（1647）の解説

キリスト教会の普遍性の要約：「レランのヴィンケンティウスの基準」

「使徒信条」（8世紀）とその解説

The Apostles' Creed

[1] I believe in God, the Father Almighty, Creator of heaven and earth.

[2] And in Jesus Christ, his only Son, our Lord, [3] who was conceived of the Holy Spirit, born of the Virgin Mary, [4] suffered under Pontius Pilate, was crucified, died, and was buried; he descended into hell. [5] On the third day he rose from the dead; [6] he ascended into heaven, sits at the right hand of God the Fathrer Almighty. [7] Thence he shall come to judge the living and the dead.

[8] I believe in the Holy Spirit, [9] the holy catholic church, the communion of saints, [10] the forgiveness of sins, [11] the resurrection of the body, [12] and the life everlasting. Amen.

[1] 私は、天と地の造り主、全能の父なる神を信じます。

[2] また私は、私たちの主、神の唯一の御子、イエス・キリストを信じます。[3] 主は聖霊によって身ごもり、処女マリアから生まれ、[4] ポンテオ・ピラトの下に苦しみを受け、十字架につけられ、死んで葬られ、陰府に降り、[5] 三日目に死者の中らから甦り、[6] 天に昇り、全能の神の右の座につきました。[7] 主はそこから、生きている人びと死んだ人びとを裁くために到来します。

[8] 私は聖霊を、[9] 聖なる普遍の教会を、聖徒の交わりを、[10] 罪の赦しを、[11] 身体の甦りを、[12] そして永遠の生命を信じます。アーメン。

「使徒信条」の解説

「使徒信条」は、伝承によれば、ペンテコステに、使徒各人が自らの信仰心を一行ずつ提供することによって自分たちの信仰を表明するように霊感を受けた 12 使徒の協力的努力の所産とされている。この伝説は、魅力的で宗教改革の時代にもなお信じられていたが、歴史的根拠はない。この信条は、4 世紀に、

ミラノ宗教会議（聖アンブロシウスに帰せられる）から教皇シリキウス宛の手紙において *symbolum apostolorum* の名で初めて言及された。Tyrannius Rufinus (c.345-411) は、原作者としての使徒たちの情報に関して報告した最初の人である。後代の伝説版は、各行を特定の使徒たちに、時には全く適切に割当てていた。例えば、疑い深いトーマスが復活への信仰心を告白し、十字架の足元に立ったヨハネが、キリストは苦しみを受け、十字架につけられたと宣言したように。

　この信条の起源は、Hispano-Gallic 資料にまで遡るが、私たちが知っているテキストは、8 世紀初頭に、Reichenau の Pirminius (or Priminius, c.753 没) の書いた牧会者用手引きに初めて現れた。Pirminius の直接的資料の問題は未解決のままだが、標準とされるテキストは、「ローマ信条」（*The Roman Symbol*）——2 世紀以降、ローマで用いられた洗礼用信条——を僅かに拡大したものであると考えられてきた。しかしながら、その基本的信条は、新約聖書のテキストにまで、特にマタイによる福音書 1:18, 16:16, 18:19、ルカによる福音書 1:35. 23:43 およびコリントの人びとへの第1の手紙 15:3-5, 15:20 に遡ることができる。

　「使徒信条」は西方教会にとって、フィリップ・シャフ（Philip Schaff）が言ったように、「諸信条中の信条」である。ルター、カルヴァン、ブリンガー、その他の宗教改革者たちは使徒信条を、信仰箇条を簡潔かつ明解に要約したものとして尊重した。ルターは中世の何人かの先駆者たちと共に、この文脈における *catholic* が教派的意味より明らかに包括的であるにもかかわらず、「聖なるカトリック教会」の語句を「聖なるキリスト教会」に変更した。「使徒信条」はキリスト教信仰の三位一体論的基礎を据える単純な定式であるが故に、西方キリスト教の諸教会において最も一般的な洗礼式の定式であり続けている。使徒信条はほとんどすべての言語に翻訳され、異なる諸教会を統合する信条として用いられてきた。

　この信条は東方正教会の伝統の中には原初の場所を持たないが、幾つかの信条集の中にはある。「使徒信条」のほとんど普遍的な性格は、キリスト教信仰の表明として、信仰と典礼に関する世界会議（1927 年ローザンヌ会議、1937 年エジンバラ会議）のような世界教会的集会で確認されてきた。かくして「使徒

信条」は、すべての関係者たちの教えと共に守るべき信仰の表明として、ニケア・コンスタンチノポリス信条と共に、受け入れられた。

(CCFCT, Vol. I, pp. 667-69 参照)

「使徒信条」の解説で引用された聖句

さて、イエス・キリストの誕生はこのように起こりました。彼の母マリアはヨセフと婚約していた時、彼らが一緒になる前に、彼女は聖霊によって子供を宿していることに気付きました（マタイ 1:18）。

シモン・ペトロは答えました。「あなたは生ける神の子、キリストです」（マタイ 16:16）。

再びあなたに言います。もしあなた方のうち二人が地上で何事でも求めるなら、それは天にいる私の父によって適えられるでしょう（マタイ 18:19）。

すると、天使は彼女に答えました。「聖霊があなたに降り、最も高い者の力があなたを覆います。それゆえ、生まれる子供は聖なる者、神の子と呼ばれるでしょう」（ルカ 1:35）。

すると、イエスは彼に言った。「真実に、私はあなたに言います。今日、あなたは私と一緒にパラダイスにいるでしょう」（ルカ 23:43）。

私が最重要事としてあなた方に伝えたのは、私も受け入れたものですが、キリストが聖書に記されているように、私たちの罪のために死んだこと、彼が埋葬されたこと、彼が聖書に記されているように三日目に甦らせられたこと、また彼がケパに現れ、次いで12使徒たちに現れたことです（Iコリ 15:3-5）。

しかし、今やキリストは眠りについた者たちの初穂として、死者たちの中から甦らせられました（Iコリ 15:20）。

「アウクスブルク信仰告白」（1530）および
「アウクスブルク信仰告白の弁証」（1530-31）の解説

　チャールズ５世〔1500-58〕は妻への個人的な書簡において、「異端説を打ち破るために」アウクスブルク国会を召集しました、と書いた。しかし、彼の公的な招集は平和的なものだった。彼は「人びとを単一のキリスト教の真理にまとめるために、分裂を和らげ、対立を終わらせ、私たちの救い主に対する過去の過ちを改め、そしてすべての人の意見と見解を愛と好意をもって熱心に聞き、理解し、考慮するように」との願望を表明した。皇帝はドイツにおける宗教的な相違に深く関わっていた。それは彼が真実な信仰としてカトリック教会を受け入れていただけでなく、これらの相違が政治的統一を阻んでいたからである。南東ヨーロッパにおけるトルコの進出——1529 年のウィーン包囲を含め——に直面して、皇帝は財政と軍事の両方でドイツの君主たちから支持を取り付けることを望んでいた。

　ザクセンの選帝侯ヨハンは、国会に備えて、ルター（Martin luther）、ヨナス（Justus Jonas）、ブーゲンハーゲン（Johann Bugenhagen, 1485-1558）、およびメランヒトン（Philipp Melanchthon）に対して、ザクセンにおける信仰の声明文と教会の慣行の擁護文を用意するように要請した。17 条から成る信仰告白がルター、メランヒトン、ヨナス、およびブレンツ（Johannes Brenz, 1499-1570）によって、1529 年の「マールブルク会談」（*The Marburg Colloquy*）のために書かれ、これはその年のうちに、シュヴァバッハで採択された。ヴィッテンベルクの神学者たちは「シュヴァバッハ信条」（*Schwabach Articles*）に教会組織の不備の要約を付け加えた。この要約は、「トルガウ信条」（*The Torgau Articles*）として知られている。なぜなら、神学者たちはその文書——多分メランヒトンによって作成された最後の草稿——に 1530 年３月にトルガウ市で合意していたからである。

　「アウクスブルク信仰告白」（*The Augsburg Confession*）は、1530 年６月 25 日に皇帝に提出するためにメランヒトンがルターと協議して改訂した「シュヴァバッハ信条」と「トルガウ信条」の結合体である。この信仰告白は、市民

的かつ懐柔的な調子で書かれ、ルター派の穏健的な立場を強調している。恐らく、一層急進的な改革運動とは絶縁する努力が払われたのであろう。第1条（神）と第3条（神の御子）では、「ニカイア信条」と「使徒信条」がそれぞれ標準的教義として引用されている。義認に関する部分（第4条）においてメランヒトンは、「信仰」に言及したが、それをルターが好んで用いていた "sola"（"faith alone"）を付加しなかった。しかし彼は、善き業によっては人間と神を和解させることができないという信念を明確に表現した（第20条）。ルターの「信仰のみ」の概念は──メランヒトンによってこれらの信仰心はすべて聖書に基づいている、と言われているが（第21条）──28条から成る信条のどこにも明確に述べられていない。しかし彼は、それらの信仰心は教会の教え、伝統、あるいは教父たちの権威に反するものではない、と直ちに付け加えている。

　ルターは法的に法益被剥奪者とされていたので、アウクスブルク国会に出席することができなかったが、コーブルク〔バイエルン州の北部〕からメランヒトンと文通することができた。草稿が取り替えられるとルターは、メランヒトンは慎重に過ぎると、時々不平を訴えた。しかしルターは、結局、"denn ich so sanfft und leise nicht tretten kan"（私はそのように穏やかに、温和に扱うことができなかった）と、自分で為し得なかったことを告白して、メランヒトンの作品に賛意を表明した。

　皇帝に提出される前に、ドイツの君主6人と二つの自由都市（ロイトリンゲンとニュールンベルク）が「アウクスブルク信仰告白」を統一的な権威ある信仰の声明文とするために署名し、ザクセンのヨハネに合流した。さらに、国会の前にその信仰告白を読んで、皇帝に忠誠を誓う4つの自由都市がそれに署名した。その他にも、その信仰告白をルター派運動の主要な信仰告白として確立するために署名する人びとが続いた。

　「アウクスブルク信仰告白」は、ローマカトリックの神学者たちによって一週間以内に準備された「反論」（*Confutation*）の挑戦を受けた。その神学者たちの中には、ルターの痛烈な敵のエック（Johannes Eck, 1486-1543）とコホラエウス（Johannes Cochlaeus, 1429-1552）がいた。チャールズ5世でさえ、「反論」の最初の草稿を余りにも論争的として退けた。「反論」は8月3日に提出される前に、幾分か和らげられた。皇帝はまた、教皇クレメント7世に教会

会議を招集し、プロテスタントたちによって主張された暴言を阻止するように求めた。しかしこれは、それから 15 年経過し、パウロ 3 世がトレント公会議を招集するまで起こらなかった。

「反論」に回答するためにメランヒトンは、「アウクスブルク信仰告白の弁証」（*Apology of the Augsburg Confession*）を書いた。しかしチャールズ 5 世はそれを受け入れることを拒否した。それは 1531 年に改訂された形態で出版された。1537 年、ルター派の指導者と牧師たちは「アウクスブルク信仰告白」および「シュマルカルト信条」と共に、「弁証」に署名した。

「アウクスブルク信仰告白」のテキストの歴史は複雑である。それは「シュヴァバッハ」と「トルガウ」の両信条に基づいていたが、皇帝への提出前の 1530 年の春と夏に継続的に改訂され、1530 年に非公式に印刷され、1531 年に僅かな変更を加え公認の出版事項を付して印刷され、1540 年版でメランヒトンによって実質的に修正され、そして 1580 年に、アウクスブルクで署名されたテキストを一層綿密に反映するように復元された。皇帝に提出された実際の文書は残っていないが、1530 年の原稿が幾つか存在する。その中には、1530 年 6 月 25 日以後に為された修正を含む初期の草稿と原稿の写しが含まれている。

テキストの歴史をさらに複雑にしているのは、皇帝に提出するために文書がラテン語とドイツ語の二か国語で準備されたことである。「第 1 版」はジョージ・ラウのヴィッテンベルク印刷所から 1531 年に現れた。ラテン語テキストが「弁証」と共に、最初に出版された。しかし、数か月以内に、ラウはヨナスによるドイツ語版を印刷した。

近年、「アウクスブルク信仰告白」は、世界教会的意義を有する一文書として提起された。それが英国教会の 39 か条の出典であり、1541 年にジャン・カルヴァンによって受け入れられ、そして、ドイツとスイスの改革派諸教会によって公認されていた事実が明らかにされたからである。1970 年代には、カトリック教会において「アウクスブルク信仰告白」をキリスト教の真理を正当に表現したものとして公認する可能性さえ検討された。

(CCFCT, Vol. II, pp. 49-52 参照)

「ハイデルベルク教理問答」（1563）の成立事情

　パラティネート（ドイツ南西部、ライン川の西岸の地域）の選帝侯フリードリヒ3世は、福音主義的信仰の核心を反映し、と同時に、純正ルター派とフィリピストたち（敵たちから隠れカルヴァン派と呼ばれた）の間の学問的論争を避ける方法で定義される、パラティネート地域の改革派信仰を確立することを希望した。

　神学的にルター派より改革派だったフリードリヒは、メランヒトン（アウクスブルク信仰告白の執筆者）に助言を求めた。彼は改革派とルター派の教義の最上のものをまとめる意図を持って、ハイデルベルク大学の神学部とその地の牧師たちに教理問答の作成を依頼した。ツァハリアス・ウルジヌス（Zacharias Ursinus, 1534-83, カルヴァンとメランヒトンの研究者、ハイデルベルク大学の神学部教授）は、一般的に最初の教理問答の草稿を提供したと考えられている（322 questions in *Summa Theologiae* および *Summa* の縮小版 108 questions in *Catechesis Minor*）。しかし、フリードリヒ3世が招集した神学者たちの委員会が用意した公式テキストは、明らかに、ルターの小教理問答、メランヒトンの Examen Ordinandorum、Leo Juda の教理問答に基づいて書かれたものだった。「ハイデルベルク教理問答」は、1563年1月のパラティネート宗教会議で承認され、2月に選帝侯の序言を付して印刷された。カスパー・オレヴィアヌス（Casper Olevianus, 1536-87、カルヴァンとドゥ・ベザの研究者、ハイデルベルクの主要な教会の牧師）は、確かに教理問答の最終的形態の討議に参加したが、公式テキストの作成に参加した神学者たちほど顕著な働きをしなかったように思われる。

　「ハイデルベルク教理問答」は、カルヴァン派の教義を穏健な調子で表現しているが、予定説には言及していない。シャフ（Philip Schaff）は「ハイデルベルク教理問答」を、メランヒトン派とカルヴァン派の思想を合一したものと見なしている。

　1563年に四つのドイツ語版と一つのラテン語版が現れた。その後、第2版と第3版において変更された。最も有名な変更は、トレント公会議——1562年

（Session 22）にミサのサクラメントを否定するすべての者を破門すると宣言した——への直接的応答としての、ミサに対する鋭い非難を表明した第3版の第80条への付加である。この第3版は標準版となった。1618-19年のドルト宗教会議は、この教理問答を承認し、それ以後、ほとんどの長老派と改革派諸教会において、また世界中の会衆派諸教会において権威ある教義的表明として認められた。

　「ハイデルベルク教理問答」は、ルターの小教理問答と同様、明解な問答様式で十戒、主の祈り、信仰の教理を説明している。それはまた、率直な仕方で洗練された神学的概念を提示する能力、疑いもなく両教理問答の持久力に貢献してきた特徴をルターの著作と共有している。

（CCFCT,　Vol. II, pp. 427-28 参照）

「第2スイス信仰告白」（1566）の解説

　この長命で広く受け入れられている改革派の信仰告白は、チューリヒ〔教会〕のツヴィングリの後継者ハインリヒ・ブリンガー（1504-75）の作品である。聖餐象徴説の強力な提案者として、ブリンガーは1549年、カルヴァンとの「チューリヒ一致信条」（The Consensus Tigurinus）の協議で合意していた。ブリンガーは明らかに、今日「第2スイス信仰告白」と呼ばれているものの最初の草稿を、1561年に個人的な信仰心の声明として書いていた。後に彼は、〔ライン川沿いの〕パラティネートの選帝侯フリードリヒ3世〔ルターを庇護〕の要請に応えて、そのテキストを改革的な包括的信仰告白として改訂し、拡張した。フリードリヒは以前からブリンガーに、ルター派連合からの異議に応えるために、「スイス信仰告白」の擁護文書を書くように求めていた。選帝侯はまた、ジュネーヴのテオドール・ド・ベゼ（Theodore de Bèze）と改革派の信仰告白の必要性を論じていた。しかしド・ベゼは、スイスの改革派の地域がブリンガーのテキストを採択していることを示唆していた（ド・ベゼは予定説に関する数箇所を改訂したように思われる）。1566年が終わる前に、ジュネーヴだけでなく、ベルン〔スイス中西部〕、クール〔スイス東部〕、ビール〔スイス北西部〕、ミュールハウゼンも——要するに、スイスのすべてのプロテスタント地域において——ブリンガーの信仰告白を受け入れていた。

　この信仰告白は、1566年にハイデルベルクで積極的に受け入れられたが、パラティネートは政治的理由から、「第2スイス信仰告白」を採択することを妨げられ、その代わりに彼らは、それまでプロテスタントのドイツで強制されていた「アウクスブルク信仰告白」に署名した。しかし、他のヨーロッパの国々では、「第2スイス信仰告白」が標準的な教義となった。それはスコットランドとオーストリアにおいて、プロテスタント信者たちによって公的に承認された。そして、ハンガリー（1567）とポーランド（1566/1570）の改革派教会の主要な信仰告白となった。フランス、イングランド、およびオランダでは、公的に採択されなかったが、この信仰告白は、広範囲に配布された。それはハンガリーの改革派教会、チェコ共和国のボヘミヤ兄弟団、およびアメリカの複数のプ

ロテスタント集団——長老派教会（USA）、キリスト教改革教会、アメリカ改革派教会（RCA）を含む——の公的信仰告白として存続している。

　この信仰告白のテキストの歴史は、極めて複雑である。不幸なことに、すべてのテキストの相違を整理した現代的批評版は存在しない。ブリンガーは——多分ド・ベゼの主張を考慮に入れて——改訂版を紹介したので、初版には二つの版が存在する。1566 年に配布された原稿にも——重要でないものと重要なものの両方の——テキストの相違が含まれている。このような事情から、スイスのさまざまな市や地域は、この信仰告白における一致とはすべての僅かな相違を含むことを意味する、と宣言した。

（CCFCT, Vol. II, pp. 458-59 参照）

「ウエストミンスター信仰告白」（1647）の解説

　「ウエストミンスター信仰告白」は、宗教改革の最後の主要な信仰告白の声明である。それは当時の他の多くの教義的文書のように、神学的であると同時に、政治的環境の所産でもある。例えば、スコットランドにおける 1639 年と 1640 年のビショップ戦争は、多分にチャールズ 1 世の、スコットランドに「祈祷書」（Book of Common Prayer）を導入しようとした企てによって引き起こされたものであった。

　議会の慣例によって、長老派が圧倒的に多かったことを背景にして、聖職者の議会（an assembly of clergy）は、「イングランド教会の典礼、教会規則、教会政治などに関するもろもろの問題を協議するために」1643 年の 7 月に召集された。その目標は、イングランド教会を、スコットランド教会およびヨーロッパの改革派教会と調和させることだった。

　議会は裁決によって、イングランド、スコットランド、アイルランドの諸教会において用いる信仰告白の声明を準備するように委託された。チャールズ 1 世王は議会に権限を与えることを拒否したが、この行為は英国教会主義に忠誠を誓う聖職者たちを拘束したに過ぎなかった。スコットランドの代表者たちは、自国内の教会によって選出された人びとだが、特に厳粛同盟（Solemn Lesgue and Covenant）の締結後、議会内で有力な勧告集団として活躍した。アイルランド教会は、唯一の代表ジョシュア・ホイル（Joshua Hoyle, 1654 年没）を擁していた。アメリカ植民地の 3 人の牧師たち（John Cotton, Thomas Hooker, and John Davenport）は招待されたが、長旅を嫌って出席しなかった。

　121 名からなる議会は、主として、ウエストミンスター寺院のエルサレム議場で行われた。彼らは 5 年半以上をかけて、「39 か条」を部分的に改訂し、「祈祷書」を公的礼拝の新しい典礼に変更し、長老派教会政治のための標準を採用し、「ウエストミンスター信仰告白」と「教理問答」を作成した。

　1615 年の「アイルランド信条」は、しばしば「ウエストミンスター信仰告白」の出典として引用されるが、「スコットランド信仰告白」と「ランベス信条」からの影響も認められる。また、「第 2 スイス信仰告白」や「ハイデルベルク教理

問答」のような、初期の改革的信仰告白を反復した部分もある。「ウエストミンスター信仰告白」はその神学において、17世紀にピューリタンたちの間で展開されたカルヴァン主義者たちの思想を反映している。このカルヴァン主義を象徴する側面の発展は、二重予定説の宿命的な結果であると考えられるものを避けながら、神の摂理の教義を支持しているところに見られる。神と、神の目的の手段である人間の関係を詳述することによって、この神学は「恩寵のみによって」（"by grace alone"）の教説を否定せずに、救いにおける人類の役割を強調している。この関連では、二つの契約が第7章に認められる。第一の、働きの契約は、契約の神がアダムと取り交わした、従順に対する報いとしての救いの約束である。第二の契約は、第一の契約が破られた後に取り交わされた恩寵の契約である。恩寵の契約の証拠は、聖書の歴史——神によるアブラハムの召しから、モーセに律法を与えるまでと、イエス・キリストの受肉まで——を通して現れている。恩寵の契約は、福音、特に御言葉の宣教を通して、また聖礼典を通して与えられている。

　聖書の至高性は、第1章において強調されているが、本文書は1646年末に、聖書的証拠のテキストを付すことなく、承認を得るために議会に提出された。下院の命によって、1500以上の聖書的証拠のテキストが1647年4月29日の最初の印刷の前に付加された。この形態においてそれは、アイルランド、イングランド、およびスコットランドの諸教会の信仰告白として、1660年の王政復古に至るまで用いられた。それは1690年に、再びスコットランド教会によって教義的標準として採用され、1729年に、植民地アメリカの長老派教会の全体的宗教会議によって採用された。それは、スコットランド教会、長老派教会（USA）、およびその他の北米長老派教会の公的信仰告白として存続している。それは1648年、若干の修正が加えられて、マサチューセッツ州ケンブリッジの会衆派宗教会議によって採用された。それは1658年、英国会衆派教会のサヴォリ宣言において改訂され、1677年にロンドンバプテストによって採択され、1742年に若干修正されて、「フィラデルフィア信仰告白」となった。

（CCFCT, Vol. II, pp. 601-02 参照）

キリスト教会の普遍性の要約：
「レランのヴィンケンティウスの基準」

　キリスト教会の普遍性が原始教会に根差すという思想を最も簡潔に要約した表現に、「レランのヴィンケンティウスの基準」がある。これはキリスト教会の普遍性を簡潔に要約したもので、教義として定義されることはなかったが、歴史的に教義同様に扱われてきたので、ここで取り上げることにした。

　ガリアの神学者ヴィンケンティウス（450年以前に没）は、フランス南岸のカンヌ湾のレラン諸島の大修道院の修道士だったことから、レランのヴィンケンティウスとして知られている。彼は特に、アウグスティヌスの恩恵説を批判した神学者として知られており、「ヴィンケンティウスの基準」（Vincentian Canon）として知られるようになった語句「どこでも、常に、すべての人によって信じられているもの」は、彼の著作に由来する。

　ヴィンケンティウスは、アウグスティヌス（354-430）のペラギウスとの論争の直後に書いた著作『備忘録』において、二人の論争は神学的新機軸を生み出したとの個人的見解を表明した。彼がアウグスティヌスの二重予定の教義を念頭に置いていたことは疑いない。ヴィンケンティウスは、正統的キリスト教が備えるべき三つの基準、すなわち、何処でも信じられる世界教会性（ecumenicity）、常に信じられる古代性（antiquity）、すべての人によって信じられる一致性（consent）について、次のように論じた。

　　さて、普遍的教会（the catholic church）自体において、私たちはどこでも、常に、すべての人によって信じられてきたもの [quod ubique, quod semper, quod ab omnibus creditum est] を保持することに最大の注意を払っている。これこそ、真に、正しく普遍的な（catholic）ものである。これは、あらゆるものを普遍的に（universally）理解する言葉と理性の力から明らかである。私たちは、もし全教会が世界中で告白する一つの信仰が真実であることを認めるなら、「普遍性」（universality）をこのように理解するであろう。私たちは、もし偉大な聖徒たちや私たちの教父たちが

表明したことがこれらの理解から逸脱していないなら、「古代性」を肯定する。また私たちは、もしこの古代性において、主教たちや教師たちのすべての（あるいは、ほとんどすべての）定義を認めるなら、「一致」(consensus)を認める (Alister E. McGrath, *The Christian Theology Reader*, 4th edn., p. 78)。

「レランのヴィンケンティウスの基準」は、キリスト教世界に大きな影響を与えただけでなく、キリスト教信仰の普遍的な価値を探求する上でも重要な役割を果たしてきた。その痕跡の一つは、英国教会におけるカロライン神学者たち、すなわち、チャールズ王朝時代の神学者たちの働きに見ることができる。特にカロライン神学者たちは、キリスト教会の普遍性を原始教会に根差すものとし、その本質は「レランのヴィンケンティウスの基準」であると主張した。

「レランのヴィンケンティウスの基準」をめぐる彼らの議論の要点は、次の通りであった。

① 「どこでも」：空間的なカトリック性

カロライン神学者たちは、英国教会の自立性を尊重したが、他方で、そのことによって世界の他の諸教会から絶縁された、孤立した教会であってはならないと考えた。すなわち英国教会は、空間的に全世界に普及しているキリスト教信仰を共有する共同体としてのみ存在することを、すなわち普遍的教会の肢としてのみ存在することを確認した。

② 「いつでも」：時間的なカトリック性

カロライン神学者たちは、自分たちの信仰が原始教会において信じられたものと同一であるかどうかを吟味し、言葉の表現においてばかりでなく、神への忠実さにおいても同一であることを目指し、原始教会の、特にギリシア教父たちの文献を研究し、翻訳した。また、原始教会の祈祷や詩歌を翻訳し、自分たちの礼拝に適用した。

③ 「だれによっても」：使徒的継承におけるカトリック性

カロライン神学者たちは、使徒職を継承する歴史的主教制を最重要視し、彼らに託されている職務を通して、サクラメントを分かち合い、共通の信仰を保持し、すべての人に救いの道を伝えるように努めた。そして何より

も、英国教会は、ローマカトリック教会が教皇の独裁的権威を主張した以前の教会に立ち戻るように努めた。

④　「信じられていること」：信仰のカトリック性の確証

　カロライン神学者たちは、原始教会の信仰的伝承が普遍的に信じられるべき信仰であるとして、原始教会の伝承に徹底的にこだわった。そして、洗礼時の信仰告白の他に、「ヴィンケンティウスの基準」を拠り所とする教会が普遍性を持つ教会と考えた。要するに彼らは、原始的・使徒的教会の礼拝、信仰生活上の規律と実践、教会の共同的な営みの要としての主教制に、徹底的にこだわったのである。

（塚田理『イングランドの宗教』pp. 162-65　参照）

（『挑戦的宗教論集』pp. 106-07　参照）

第Ⅴ編　キリスト教信仰の知

共観福音書における信仰観

ヨハネの信仰観

パウロの信仰観

ヘブライ人への手紙およびヤコブの手紙の信仰観

新約聖書における信仰の真実性

神学者たちの信仰観

プロテスタント諸信条における信仰の定義

キリスト教信仰の包括的定義

プロテスタント信仰の総括

ギリシア語 *pistis* には両義性（信仰＆信仰心）がある

英語圏における faith と belief の使い分け

信仰と信仰心の弁別

信仰と信仰心を弁別することによる効用

一般知識人による信仰と信仰心の弁別

神学者の神学（信仰心）が教義（信仰）となった事例

共観福音書における信仰観

(1)　マルコによる福音書

　マルコはイエスの宣教活動の始まりに、福音への信仰を語っている――「時は満ち、神の王国は近付いています。悔い改めて、福音を信じなさい」(1:15)。マルコによれば、イエスは汚れた霊に取りつかれた少年に関する物語の中で、信仰を疑いがちな人びとに対して、「『もしできるなら』と言うのですか？　信じる者には何でもできます」(9:23) と言った。この記事は、マルコの読者たちにとって、疑うことのない信仰が問題になっていたことを示している。さらにマルコは、イエスが「神を信じなさい」と勧め、疑うことのない信仰は山を動かすことができる、と宣言したことを伝えている (11:22-23)。

(2)　マタイによる福音書

　百卒長の信仰に関する奇跡の物語 (8:5-13) の中には、イエスの言葉に絶対的な力があることを信じた百卒長の信仰心が紹介されている。そこでイエスは、「イスラエルの中で、私はこれほどの信仰を見たことがありません」と言っている。他方でマタイは、嵐を静める奇跡の物語 (8:23-27) の中で、信仰の小さい／信仰の薄い弟子たちに言及している。このようにしてマタイは、信仰が量的に大きいか小さいかで表現し得ることを明らかにしている。またこの福音書は、新しく形成されつつあったユダヤ教との議論の中で書かれたので、*pist-* 語群はキリスト教の自己規定として明確な形を取っていない。

(3)　ルカによる福音書

　ルカは、ルカによる福音書と使徒言行録の 2 著作において、*pist-* 語群の意味を、それ以前の伝統から「改宗」として引き継いだ。使徒言行録におけるユダヤ人たちに対する演説では、*pist-* 語群が現れるが (使徒 10:43; 13:39; 16:31; 20:21; 24:24)、異邦人たちに対する演説の中には現れない (14:15-17; 17:21-31)。

(『挑戦的宗教論集』p. 49　参照)

ヨハネの信仰観

　ヨハネによる福音書における *pist-* 語群の特徴は、動詞 *pisteuō* のみが現れ、名詞 *pistis* が一語も現れないことである。

　ヨハネにおける奇跡の物語は、共観福音書の奇跡とは対照的に、救う信仰の主題を欠いている。むしろ、奇跡はイエスに従う者たちを信者とするために起こされている。例えば、ガリラヤのカナにおけるイエスの最初の奇跡によって、「弟子たちはイエスを信じた」のである。

　この福音書における信仰は、イエスとの直接的出会いとは全く関係なく、「証し」の基礎の上に現れ（1:7; 3:11, 32f.）、またイエスの言葉から引き出されている（2:22）。そして、信仰の内容は、ヨハネ特有のキリスト論と結び付いて、御子の派遣に関する言説に見出される。すなわち、イエスの「私の言葉を聞いて、私を遣わした方を信じる者は誰でも、永遠の生命を得ます」（5:24）に見出され、また「神を信じ、また私を信じなさい」（14:1）に見出される。

　ヨハネの信仰は、イエスの死と復活の用語ではなく、神がイエスをこの世に派遣したというキリスト論の用語で定式化されているところに特徴がある。

　　イエスが宣言し、またイエスを宣言する言葉への信仰は、救いをもたらす（ヨハネ 3:18; 5:24）。ヨハネにおいて救いを表す言葉は、生命である。この世が生命と呼ぶものは、生命ではない。世界は偽りの中にある（TDNT）。

　信仰の受容は救いを意味するので、信者たちはすでに永遠の生命を所有していることになる（3:15f., 36; 5:24; 6:40, 47; 11:25f.）。もはや裁きを受けることはない（3:16, 18）。「信じること」は「実現すること」と同義だからである（6:69）。

　しかし、ヨハネの信仰観にはパウロのそれと異なる側面もある。ヨハネの信仰のアンチテーゼは、義を求めるユダヤ的努力でも、律法の順守でもなく、この世がもたらす普遍的世俗性であり、より具体的には、その世俗性のキリスト教的形態としてのグノーシス主義であった。

（『挑戦的宗教論集』pp. 50-51 参照）

パウロの信仰観

　パウロは、神が死者に生命を与え、存在しないものを呼び出して存在させることを信じる信仰をアブラハムの信仰と考えていた（ローマ 4:17）。パウロはその点で、アブラハムを最初の回心者とさせたユダヤ教の伝統を踏襲している。パウロ自身も、テサロニケの人びとへの第1の手紙で神に対する信仰に言及している（4:17）。しかし、パウロにとっての福音の内容は、キリストが私たちの罪のために死んだこと、そして三日目に甦らされたことである（Ⅰコリ 15:3-4）。そして信仰とは、キリストの死と復活において救いを達成した神を信じることだった（Ⅰテサ 1:9-10）。

　パウロにおける信仰の最大の特徴は、信仰を神の義と結び付けていることである（ローマ 3:21-31）。そして彼は、信仰によって義とされる私たちキリスト者の信仰の状態に言及している（ローマ 5:1-5）。パウロ思想における信仰、希望、愛の三本柱（Ⅰテサ 1:3; 5:8、Ⅰコリ 13:13. 参照：コロサ 1:4f.、エフェ 1:15-18、ヘブラ 10:22-24）は、ここでは義認の教義の意味に解釈されている。すなわち、信仰による義認（Ⅰテサ 5:1）、神の栄光における希望（5:2）、神の愛の賜物に基づくもの（5:5）と解釈されている。

　パウロの信仰観を特徴づけているもう一つの側面は、律法との関係である。パウロは信仰と律法を選択肢としている。むしろ、律法は信仰のアンチテーゼとなっている。律法の行為によっては、何人も神の目に義と認められることはなく、律法を通しては罪の意識が生ずるだけだからである（ローマ 3:20）。

　またパウロの信仰観の中には、信仰に発展段階があることも認められる。例えば、信仰において弱い人間がいること（ローマ 14:1）、信仰は成長するものであること（Ⅱコリ 10:15）、さらに、信仰には堅固さがあること（Ⅰコリ 15:58）などが指摘されている。

（『挑戦的宗教論集』p. 51　参照）

ヘブライ人への手紙およびヤコブの手紙の信仰観

　ヘブライ人への手紙およびヤコブの手紙において、 *pist-* 語群は二つの方向を確立した。一方において、信仰は異端的な教えに対抗するために、正しい教えとして確立され（参考：エフェ 4:5、I テモ 4:6）、他方において、忠実さ／誠実さとしての *pistis* は徳として理解された（参考：I テモ 1:5、II テモ 1:5）。この二重の意味における *pistis* は、異端者たちに対する基準となると共に、信仰の自己規定の中心的用語となった。

　pist- 語群は、ヘブライ人への手紙に著しく頻繁に現れる。その大部分は第11 章に集中しているが、それらは名詞の類型的な繰り返しが目立っている。対象に結び付いた *pistis* は、「神に対する信仰」（6:1）に見出される。この書簡における *pistis* は、パウロやヨハネとは対照的に、信仰のキリスト論的な内容と結び付けて用いられていない。その典型的な例証は、第 11 章冒頭における信仰の定義である。この聖句を全キリスト教文献の中で最も有名な信仰の定義とみる向きもあるが、この定義は、族長たちの歴史概観（11 章）と当時の教会の状況（12:1-11）を伝えているところに主眼が置かれており、「これは、信仰のすべての要素を包括的に要約したものではなく、迫害の下にある教会にとって根本的だった事柄を要約したものである」（NIDNTT）。

　この手紙の *pistis* は、堅忍であり、約束された希望を固く保持することを意味している。そして、この手紙に見出される信仰の概念は、ストア哲学に見られる態度と同じものである。

　ヤコブは、信仰を立証する必要を感じていた（1:3）。彼にとって、信仰と従順の行為は固く結び付いている。ヤコブは、行為の伴わない信仰は役に立たないと信じていた（2:10）。注目すべきは、ヤコブ 2:23 が（パウロ同様に）創世記 15:6 を引用し、アブラハムの模範を取り上げて論じていることである。

（『挑戦的宗教論集』p. 52 参照）

新約聖書における信仰の真実性
——歴史的事実の認識——

　今日多くの人は、真実であることを確証する歴史的証拠を持っていない何か
を信ずることを信仰と考えている。多くの人にとって、信仰は一種の主観的経
験となり、本質的に独我論的現象となっている。

　しかし、新約聖書における信仰は、全くそのようなものではない。

　新約聖書の信仰が歴史的事実に発していることは、聖書自体がそれを証言し
ている。例えば、疑い深いトマスが復活したキリストの十字架上の傷跡を見、
それに触れた時、彼に信仰を抱かせたのは、キリストの復活という経験的証拠
であった（ヨハネ 20:21-29）。11 人の弟子たちがユダの代わりを選ぼうとした際
にも、事実に基づかない信仰は無視された。ユダの継承者は、復活したキリス
トを個人的に見た者でなければならなかったからである（使徒 1:21-23）。

　また、使徒たちは、イエスの生涯と奇跡の事実に関して挑戦を受けた時、「私
たちは私たちが見、聞いたことを話しているに過ぎません」（使徒 15:6）と、平
然と答えた。

　パウロは、復活したキリストを見た 500 人以上の人の大部分が実際に生き残
っていると明言している（Ⅰ コリ 15:6）。これは、パウロにとって、キリストが
死者の中から甦ったかどうかは問題ではなく、事実であったことを物語ってい
る。換言すると、キリストの復活の真実性を確立したのは、使徒たちの信仰で
はなく、むしろ、キリストが死者の中から肉体的に甦ったという知識が使徒た
ちの信仰を生み、強化したのである。

　　　　　　　　　　　　　　　　　　　　（『挑戦的宗教論集』pp. 53-54 参照）

神学者たちの信仰観

トマス・アクイナスによる信仰の定義

中世イタリアの神学者トマス・アクイナスはその主著『神学大全』において、キリスト教信仰を次のように定義している。

信ずることは価値のあるものなのか？

　信ずるという行為は、神の恵みによって触発された意志の支配下で神の真理を承認する知性的行為である。したがってそれは、神に関して自由な選択に委ねられている。それ故、信仰の行為は価値のあるものとなり得る（"Whether To Believe Is Meritorious?" in *The Summa Theologica of Saint Thomas Aquinas*, Part II of the Second Part, Q.2, Article 9）。

（『挑戦的宗教論集』p. 150 参照）

ルターの信仰観

マルティン・ルターは、「ローマ人への手紙への序言」（1522 年）で、主要な神学用語について解説した。次の文章は、信仰に関する解説である。

多くの人が信仰は夢想するもの、人間の幻想と理解しているが、信仰はそのようなものではない。信仰が道徳的改善も善行も伴わないのを見る時にはいつでも、人びとは、信仰について多く語られていることを念頭に、もし私たちが正しく、救いを獲得しようとしても、信仰が不十分だから「業」（works）を為さなければならないと宣言して誤謬に陥る。彼らは福音を聞く時、要点を見落としている。彼らは心の中で、また自分自身の供給源から、純粋な信仰と考えている「信仰心」（belief）と呼ぶ一つの観念を創出する。けれどもそれは、人間の偽造物、心の深奥に対応する経験なき一つの観念に過ぎない。したがってそれは、無力であり、良き種類の生活をもたらさない。

　しかし信仰は、神が私たちに働きかける何かである。それは私たちを変

え、私たちは神から生まれ変わらせられる（ヨハネ 1:13）。信仰は古いアダムを殺し、私たちを心において、精神において、私たちのすべての力において、全く異なった人間にする。また信仰は、聖霊に伴われて現れる。ああ、信仰たるや、何と生き生きとし、創造的で、力強いものか！

　信仰は生き生きとした、揺るぎなき確信であり、人がそのために何千回でも死ぬことを厭わないほど神の恩寵を信ずることである。神の恩寵に対するこの種の確信と、それに伴うこの種の知識は、私たちの神と全人類との関係において、私たちを喜ばせ、活気づけ、熱心にさせる。それは、聖霊が信仰を通して働きかけるものである（Preface to the Epistle of St. Paul to the Romans, 1522）。

ルターの信仰観には、幾つかの顕著な特徴がある。

① 自分自身の供給源から創り出される信仰心（belief）を信仰の定義から排除していることである。ルターは、私たち自身の中には滅びのほか何もなく、私たちの救いは常に外から、主から来ると信じていた（ローマ人への手紙 4:7 の注解／詩編 121:2 参照）。

② 信仰を神から与えられる恩寵として、すなわち聖霊に伴われて現れるものとして、神中心的に捉えている。

③ 信仰を生き生きとしたダイナミックな働きとして捉えている。

（『挑戦的宗教論集』pp. 118-120 参照）

カルヴァンによる信仰の定義

ジャン・カルヴァンによれば、信仰は不信仰に対する救済策であり、不信仰の反対である。最も基本的な形としての罪は、神の言葉に対する不信、すなわち神の声を聞こうとせず、神の言葉を心に受け入れないことである。こうして、罪が神の言葉を聞いていないところから起こるように、信仰は聞いているところから起こる（ローマ 10:17）。(Dawn DeVries, "Calvin's Preaching" 参照)

　カルヴァンは『キリスト教綱要』において、信仰を次のように定義している。

　もし私たちがキリストによって惜しげなく与えられた約束の真理の上に築

かれ、聖霊を通して私たちの精神に啓示されると共に、私たちの心に保証された、神の私たちに対する慈悲に関する確固にして確実な知識を信仰と言うなら、私たちは信仰について正しい定義を所有していることになろう（Institutes, III. 2. 7）。

　信仰はこのように、一種の知識であるから、それは御言葉による神ご自身の啓示に依存している。

（『宗教的小論選集』p. 181 参照）

ブルトマンの信仰観

　20世紀の代表的神学者の一人ルドルフ・ブルトマンの信仰観は、トマス・アクイナス（神の恵み）、ルター（神の恩寵）、およびカルヴァン（神の慈悲）の信仰観と本質的に変わらない。

　　ブルトマンは「信仰」を、死後、来世において起こるべき救いに向けられているものであると同時に、「信仰」を持つこと、そのこと自体が、救いの出来事であると定義づけている。言いかえれば、神によって提供された救済を信ずる「信仰」を持つこと自体が、すでに救済のはじまりである。なぜならば、罪人である我々が誰の力をも借りずに、おのずと信仰を生み出すことはできないからである。罪びとであるということは、そもそも神に対する信仰を持たぬということ、持ち得ないということである。信仰というものは、人間の側からいえば、決断をもって、神を信ずる生活へと踏み切ることかも知れないが、そのこと自体が神の恵みなしには起こらないのである。神が我々を恵みの中に信仰へと導かぬ限り、我々は信仰を始動させることはできない。神による先行の恵みなしには、神への人間の信仰も可能ではない。信仰を持つことの報いとしての賜物（永遠の生命）が与えられるというのではなく、信仰そのものが、賜物（永遠の生命）なのである。それならば、信仰を持つこと自体がすでに「救済の出来事、終末的出来事」（Rudolf Bultmann）なのである（大林浩『死と永遠の生命』参照）。

（『挑戦的宗教論集』pp. 151-52 参照）

プロテスタント諸信条における信仰の定義

アウクスブルク信仰告白（1530 年）

「第 20 条　信仰と善き業」

23.　ここで語られている信仰は、キリストの苦難と死者の中からの甦りの史実を信ずるような、悪魔や不信心な者も持っている信仰（ヤコブ 2:19 参照）ではなく、私たちがキリストを通して恵みと罪の赦しを得ることを信ずる、そのような真の信仰を意味している。

第 1 スイス信仰告白（1536 年）

「第 13 条　キリストの恩恵と功績は如何にして私たちに伝えられるか、またそこから如何なる成果が得られるか」

この信仰は、私たちが神に望んでいるものへの確かな、揺るぎない、堅固な基礎であり、それらすべての事柄を把握することであり、その神から愛とそれに伴うすべての徳と善き業の果実がもたらされる。

ハイデルベルク教理問答（1563 年）

「問 21.　真の信仰とは何か」

答　それは、神がその言葉をもって私たちに啓示されたすべてを、私が真実なものと認める類の知識に留まらず、聖霊が福音を通して私のうちに創造された真心からの信頼でもある。

第 2 スイス信仰告白（1566 年）

「第 16 章　信仰、善き業、その報酬、および人間の功績について」

信仰とは何か？　キリスト教信仰は、単なる見解や人間的信念ではなく、最も揺るぎない信頼、明快にして不動の精神の同意であり、さらに、聖書と使徒信条に提示された神の真理に関する最も確実な理解、最高の善なる神自身に関する、特に神の約束に関する理解、またすべての約束を成就されるキリストに関する理解である。

メノナイト・小信仰告白（1610年）

「第20条　救いの信仰について」

　イエス・キリストがご自身の功績を通して罪びとたちの救いのために獲得されたすべての霊的な賜物と慈愛を、私たちは愛のうちに働く生ける信仰を通して恵みによって享受する。この信仰は心からの揺るぎない確信、すなわち、神の言葉から恵みによって受け入れた神について、キリストについて、その他の天的な事柄についての内なる知識である。この知識は神の愛と共に、救いに欠かせないものであり、キリストの故に、私たちのすべての身体的、霊的な必要を満たす、慈悲深い天の父としての唯一の神に対する真実の信頼である。

ウエストミンスター信仰告白（1647年）

「第14章　救いの信仰について」

1.　選ばれた者たちをして彼らの魂の救いを信ずるに至らしめる神の恵みは、彼らの心の中で働くキリストの霊の業であって、通常、御言葉の宣教によってもたらされる。そして、御言葉の宣教、聖礼典の執行、および祈りによって増進され、強化される。

2.　この信仰によってキリスト者は、御言葉に啓示されていることすべてを、神自身が権威をもって語っているが故に真実であると信じ、またそこに含まれる個々の章句に基づいてそれぞれに行動する。すなわち、命令には従順に従い、脅威には慄き、この世と来るべき世の生に対する神の約束を信ずる。

ウエストミンスター小教理問答（1648年）

「問86.　イエス・キリストに対する信仰とは何か」

答　イエス・キリストに対する信仰は、救いの恵みであり、それによって私たちが救われるために、キリストを福音によって私たちに差し出されたものとして、彼のみを受け入れ、彼にのみ寄り頼むことである。

（『挑戦的宗教論集』pp. 152-54 参照）

キリスト教信仰の包括的定義

　キリスト教信仰の、最も基本的、包括的で公平な定義は、『エンサイクロペディア・ブリタニカ』に見出すことができる。

　　キリスト教世界の信仰は、さまざまな教会の信仰告白と信条的文書の中に現存する。三つの信条が通常世界教会的規模で承認されている。その三つの信条とは、使徒信条、ニカイア・コンスタンティノポリス信条、およびアタナシオス信条である。使徒信条はローマカトリックの共同体の洗礼式の告白である。ギリシア語の讃美歌としての最初の形は、（2 世紀の）12 使徒の伝統にまで遡る。ニカイア・コンスタンティノポリス信条は、325 年のニカイア（現在のトルコのイズニカ村）における世界教会会議の信仰告白であり、381 年にコンスタンティノープルの世界教会会議で補足されたものである。その主要な用途は、聖餐の典礼である。アタナシオス信条は、ラテン語による信条であり、その神学的内容はアレクサンドリアのアタナシオス（4 世紀）にまで遡るが、多分、5 世紀のスペインか南ガリアに起源があるのであろう。それは、アウグスティヌスの影響を受けた三位一体の教義とキリスト論（神人二性の教義）に関する詳細な公式論を含んでいる。これら三つの信条はすべて、宗教改革を行った諸教会によって受け入れられた（"Creeds and confessions" in Britannica, 1994-2001）。

　アメリカ合衆国長老教会は「1967 年の信仰告白」において、共同体の信仰がさまざまな形で表現されることを明記し、それを次のように要約している。

　　いつの時代においても、教会は時代の要請に応えて、言葉と行動においてその証言を表現してきた。最も初期の告白例は、聖書中に見出される。告白的表現は、讃美歌、典礼式文、教義的定義、教理問答、神学的要綱、脅威となる悪に対抗するための宣言など、さまざまな形態をとってきた（"The Confessions of 1967, Preface" in *Book of Confessions*, 1999, p.321）。

（『挑戦的宗教論集』pp. 156-57 参照）

プロテスタント信仰の総括

　宗教改革以後のプロテスタントの信条・信仰告白に「信仰」の定義が標準的に含まれたことは、信仰による義認の教義が重要視された観点から当然の成り行きだったと見なすことができる。

　1536年の「ジュネーヴ信仰告白」は、「揺るぎなき確証と心の確かさにおいて、私たちが福音の約束を信じ、御父によって私たちに差し出され、神の言葉によって私たちに示されたイエス・キリストを受け入れる」時に、信仰は現存すると説明している。同年成立の「第1スイス信仰告白」は、スイスのドイツ語圏の地域から生まれたものだが、「私たちが神に望んでいるものへの確かな、揺るぎない、堅固な基礎であり、それらすべての事柄を把握することであり、その神から愛とそれに伴うすべての徳と善き業の果実がもたらされる」と、信仰を定義している。1563年の「ハイデルベルク教理問答」は信仰を「神がその言葉をもって私たちに啓示されたすべてを、私が真実なものと認める類の知識に留まらず、聖霊が福音を通して私たちのうちに創造された真心からの信頼である」と定義している。「第2スイス信仰告白」（1566年）は信仰を「単なる見解や人間的信念ではなく、最も揺るぎない信頼、明快にして不動の精神の同意であり、さらに、聖書と使徒信条に提示された神の真理に関する最も確実な理解」として語っている。1610年成立の「メノナイト小信仰告白」には、「この信仰は心からの揺るぎない確信、すなわち、神の言葉から恵みによって受け入れた神について、キリストについて、その他の天的な事柄についての内なる知識である」との定義が含まれている。1647年の「ウエストミンスター信仰告白」によれば、「この信仰によってキリスト者は、御言葉に啓示されていることすべてを、神自身が権威をもって語っているが故に真実であると信じ、またそこに含まれる個々の章句に基づいてそれぞれに行動する。すなわち、命令には従順に従い、脅威には慄き、この世と来るべき世の生に対する神の約束を信ずる」と表明している。その翌年の「ウエストミンスター小教理問答」は信仰を、「救いの恵みであり、それによって私たちが救われるために、キリストを福音によって私たちに差し出されたものとして、彼のみを受け入れ、彼にのみ寄り頼む

ことである」と定義している。

　宗教改革の伝統を継承する組織神学者たちは、聖書言語と諸信条・信仰告白の用語において、「信仰」の語に相互に関連する三つの意味、すなわち知識としての信仰、同意としての信仰、および信頼としての信仰が含まれていることに注目した。彼らが「信仰による義認」について語る時——もちろん知識としての信仰と同意としての信仰との結び付きを前提としているが——主として第3番目の信頼と確信（trust and confidence）としての信仰に重きを置いている。「アウグスブルク信仰告白」において、信仰とは「私たちがキリストを通して恵みと罪の赦しを得ることを信ずる、そのような真の信仰を意味している」と述べている通りである。他方で、信頼としての信仰の定義は、予定の教義を保持するカルヴァン主義的信仰告白に対して問題を提起した。そこで、「ウエストミンスター信仰告白」は、恵みと救いの確かさを「ただ単なる推測的、蓋然的信念でなく、絶対誤りなき信仰の確かさ」と定義し、「この絶対誤りなき信仰の確かさとは、信仰の本質には属さず、真の信者が長く待ち、信仰に与かる者となる前に多くの困難と戦うことであろう」（Chapter 18.3）と主張している。

　しかし、今日のプロテスタント神学者たちが信条や信仰告白に関して語る時、彼らの主要な強調は、概して信頼としての信仰よりも、知識としての信仰と同意としての信仰に置かれている。信条や信仰告白がキリスト教の伝統として語られている事実は、そのことを如実に立証している。またそれは、共同体としての信仰が重要視されている今日の状況を反映している（"Faith Defined" in Jaroslav Pelikan, *Credo, Historical & Theological Guide to CCFCT* 要約）。

（『挑戦的宗教論集』pp. 154-55 参照）

ギリシア語 *pistis* には両義性（信仰＆信仰心）がある

　ギリシア語新約聖書の *pistis* は、共同体の信仰と個人的な信仰（信仰心）を表す場合の両方に用いられ、両義的である。

　pistis が共同体の信仰として用いられている事例は次の箇所に見出される。

> こうして、神の言葉は益々広まり、エルサレムにおける弟子の数は非常に増え、非常に多くの祭司たちが信仰に対して従順になった（使徒 6:7）。

> こうして諸教会は、信仰において強められ、日毎にその数を増していった（使徒 16:5）。

> それはあなた方の信仰が全世界に言い伝えられているからです（ローマ 1:8）。

> あなた方に手紙を書いて、聖なる者たちに一度伝えられた信仰のために戦うことを勧めなければならないと思ったからです（ユダ 3）。

他方、信仰心の意味で用いられている事例は、次の箇所に見出される。

> イエスはこれを聞いて驚き、従って来た人びとにこう言った。「まことに、あなた方に言っておきます。私はイスラエルの中で、このような信仰心を見たことがありません」（マタイ 8:10）。

> イエスは振り向いて、彼女を見ながら言った。「娘よ、元気を出しなさい。あなた自身の信仰心があなたを癒したのです」。すると、女はその時から治った（マタイ 9:22）。

> イエスは彼らに、「あなた方各自の信仰心はどこにあるのですか？」と言った（ルカ 8:25a）。

> あなたが持っている信仰心は、神の前にあなた自身のものとして保ち続けなさい（ローマ 14:22）。

（『挑戦的宗教論集』pp. 46-47 参照）

英語圏における faith と belief の使い分け

　ギリシア語新約聖書の、信仰を意味する場合の *pistis* は、英訳聖書において faith と訳されてきた。信仰を意味する英語には、faith の他に belief がある が、それは中期英語（ME: 1150-1349）に限られる。現代英語の belief はその 意味ではほとんど用いられない。

　しかし興味深いことに、英語圏では、聖書以外の現代英語の文献では、共同 体の信仰を意味する場合には、主として faith が用いられ、個人的な信仰を意 味する場合には、personal faith や belief が用いられている。

　例えば、faith は次のように用いられる。

　　The faith of Christendom is present in the confessions of faith and the creedal
　　writings of the different churches. ("Creeds and confessions" in Britannica)／キ
　　リスト教世界の信仰は、さまざまな教会の信仰告白と信条的文書の中に現存する。

他方、belief は次のように用いられる。

　　He (Bullinger) apparently wrote the first draft of what is now called *The Second
　　Helvetic Confession* as a private statement of belief in 1561.（CCFCT, Vol. 2, p.
　　458）／ブリンガーは明らかに、今日「第2スイス信仰告白」と呼ばれているもの
　　の最初の草稿を、1561年に個人的な信仰心の声明として書いていた。

また、faith と belief は次のように、共同体の信仰と個人的な信仰心として 区別して用いられる。

　　What is it (Calvin's sudden conversion) then? ……it is a "reflection of his faith,"
　　and expression of Calvin's belief concerning his own development. (Ganoczy, *The
　　Young Calvin*, p.262)／では、それ（カルヴァンの突然の回心）は何なのか？　そ
　　れは「カルヴァンの信仰の反映」であり、カルヴァン自身の発展に関する彼の信仰
　　心の表現である。

（『挑戦的宗教論集』pp. 296-304 参照）

信仰と信仰心の弁別

　「信仰」と「信仰心」の関係は、キリスト教一般について論じることはできない。カトリックとプロテスタントとでは、その在り様が著しく異なっているからである。そこで、カトリックとプロテスタントにおける信仰と信仰心の関係を個別に考察する。

カトリックにおける信仰と信仰心

　カトリック信仰の包括的理解は、二つの側面から得られる。すなわち、教義的側面は、英語圏では *Catechism of the Catholic Church* [Libreria Editrice Vaticana] によって、典礼的側面は *The Order of Mass in Latin and English* によって得られる。日本ではそれぞれ、『カトリック要理』と『キリストと我等のミサ』によって得られる。

　カトリック信仰は、教義と典礼の両側面において、詳細かつ明確に定められ、その通りに理解され、実践されているので、信仰の両義性——信仰と信仰心の関係——を改めて認識する必要も、論じる必要もないほどである。なぜなら、カトリック信仰の世界においては共同体の信仰の占める領域が広く、個人的信仰／信仰心の占める領域が狭いので、信仰に両義性があることを認識しなくても、そのことによる弊害はほとんどないからである。

　また、カトリック信仰の世界においては、そのキリスト者の発言や行動がカトリック（共同体）の信仰に属するか、個人的信仰に属するかを決定することが容易である。*Catechism of the Catholic Church* や『カトリック要理』に照らして判断することができるからである。しかしこのことをもって、カトリック教会が非常に厳しい宗教集団であると決めつけることはできない。キリスト者の言行がカトリック信仰から逸脱している場合でも、罪の赦しの秘跡が存在することと相俟って、彼らの世界に充満している寛大な包容力が機能しているからである。

プロテスタントにおける信仰と信仰心

　プロテスタント教会の信仰を一概に論じることはできない。その教義や典礼は教派によって異なり、多岐に亘っているからである。

　プロテスタントの主要な教派であるルター派と改革派を比較しただけでも、両者の教義の間には大きな相違が見られる。例えば、ルター派はカトリック教会の赦しの秘跡（告解）を放棄したけれども、その慣行を維持している。

　また、ルターとルター派はカトリック教会の魂の不滅思想を受容しなかったが、カルヴァンと改革派の諸信条はそれを受容することによって、ルター派との違いを鮮明にした。

　プロテスタント教会には、このように、主要な教派間に教義的に重要な相違が認められる。その他に、日本のプロテスタント教会には一層重大な問題が存在する。その問題とは、数多くの教派が共同体としての信仰に関して詳細な定義を保有していないことである。日本の大多数のプロテスタント教派は、日本福音ルーテル教会、日本キリスト改革教会など幾つかの教派を別にすれば、非常に簡潔な信仰告白をもって、それぞれの共同体の信仰を定義している。

　さて、簡単な信条／信仰告白しか保有していない教派のどこに問題があるのか？　そのような教派においては、個々の教会が保持している共同体の信仰の占める領域が狭く、牧師の個人的信仰によって補足・補強されなければならない領域が広い。換言すると、かかる教派に属する各個教会では、教会の共同体としての信仰が牧師の神学／個人的な信仰によって確立されなければならない、ということである。結果として、同一教派でありながら各個教会が異なった信仰を保持せざるを得なくなっている。そして、この歴然たる事実がプロテスタント信者たちによってしかと認識されていないところに、最大の問題がある。

　この関連では、日本バプテスト連盟がその信仰宣言において、「加盟教会は」信仰宣言に盛られた共通の信仰に基づいて「独自の信仰告白を持つ自主独立の各個教会である」と、この辺の事情を明確に表明していることは注目に値する。

（『挑戦的宗教論集』pp. 289-294 参照）

信仰と信仰心を弁別することによる効用

　信仰心は、さまざまな形で存在する。マタイによる福音書第8章に記されている百卒長がイエスから「立派な信仰として」推奨されたのも信仰心であり、ルターが落雷に遭い、そこに神の召しを感じ取り修道士になることを決断させたのも信仰心であり、カルヴァンがストラスブール行きを断念させられジュネーヴに留まることを決断させたファレルのうちに、またジュネーヴ追放中にストラスブール行きを決断させたブツァーのうちに、神の意志を読み取ったのも信仰心であった。このように、何人の信仰心であれ、その真実は彼の、あるいは彼女の個人的な経験の中にあり、それ以外のどこにもない。

　他方には、聖書講解において説教者が、聖書知識を補うために、あるいは意表を突くような説明をするために、自分の考えや経験を聖書テキストの中に読み込んで解釈する信仰心もある。

　それでは、信仰と信仰心を弁別することによる効用とは何なのか?

① 信仰と信仰心を弁別する者は、常に、教会の、共同体としての信仰の確立に心がけ、自分の信仰心を前面に出すことには慎重を期する。聖書解釈においても、自分の思想や経験を聖書テキストの中に読み込むようなことはしない。宣教とは、自分の思想や経験を伝えることではなく、神の言葉を伝え、共同体の信仰を伝えることである。

② 信仰と信仰心を弁別する者は、実存的な祈りをささげる。祈りは本質的に、信仰心をもって神に向かって即興的にささげるものである。信仰心から為される祈りは、如何に拙くとも、神に訴え、人びとの信仰心に訴える。人びとに神の臨在を実感させる悔い改めの祈りは、信仰心から発する実存的な祈りからしか生まれない。事前に用意した原稿を朗読するような祈りは、その場を取り繕うだけの方便であり、どれほど論理的に整えられていても、祈りと呼ぶに値しない。

(『挑戦的宗教論集』pp. 294-95 参照)

一般知識人による信仰と信仰心の弁別

　一般知識人の間では、信仰と信仰心の弁別が良識として行われている。下記の文章は、作家正宗白鳥が死のほぼ半年前にキリスト教に復帰し、信仰告白をしたことを背景に、彼の宗教心／信仰心を論じたものである。

　　死後、白鳥について書かれた文章の中で、荒正人が、白鳥のキリスト教はもっぱら死の恐怖からはいっていったもので、罪の意識というものはほとんど見られない。これが彼の宗教心の原型だと書いた（「殉教の否定」、1963年2月「文芸」）　　　（中野好夫『人間の死にかた』〔新潮選書 1969〕所収）

　ここで荒正人が白鳥の宗教的信条について、「彼の信仰」と言わず「彼の宗教心」と書いていることは注目に値する。ここで指摘されているように、白鳥のキリスト教へのアプローチが罪の意識からというより、死に対する恐怖から発していたことは広く知られている。つまり、白鳥の場合、共同体の信仰を論じる余地はほどんどなかったのだから、「彼の宗教心」という表現はまさに正鵠を得ていたわけである。また、ここで荒正人がキリスト教を罪の意識といった観点から見ている、その教養の深さも見逃してはならないだろう。

（『挑戦的宗教論集』p. 294 参照）

　近世の哲学者のパスカル（Blaise Pascal, 1623-62）はキリスト者だったが、彼のキリスト教的思想は「信仰」としてよりも「信仰心」として論じられることが多い。次の一文もその良識に基づいている。

パスカルが説く信仰心
　　92歳・私の証　あるがまま行く　　　　　　　　日野原重明
　パスカルは……31歳の時に開眼し、神を「発見」しました。彼の信仰心や哲学は彼の死後、「パンセ」と題された本になっています。

（朝日新聞 2004. 8. 21）

（2020.12.25 補筆）

神学者の神学（信仰心）が教義（信仰）となった事例

　ここで、偉大な神学者たちの個人的な宗教的信念（信仰心）が時を経て、教義（共同体の信仰）として結実した事例を紹介する。その代表的な例としては、カトリック教会における「魂の不滅」とプロテスタント・改革派における「予定説」を挙げることができる。

(1)　「魂の不滅」

　トマス・アクイナスが『神学大全』（1267-73）において主張した「魂の不滅」思想は、実に2世紀半の時を経て、第5回ラテラン公会議（1512-17）においてカトリック教会の信仰（教義）となった。その結果、今日のカトリックは魂の不滅をカトリック信仰の一部として語ることができる。

　魂の不滅の教義はその後、「カルヴァンの時代から最近まで、改革派諸教会で保持されてきた」（John Hick, *Death and Eternal Life*, p. 178）。

　　　　「カトリック教会の教義としての魂の不滅」の詳細については、『挑戦的宗教論集』pp. 250-53 を、また「プロテスタント教会の教義としての魂の不滅」の詳細については、同書 pp. 255-60 を参照されたい。

(2)　「予定説」

　ジャン・カルヴァンが「神の永遠の予定について」（1552）で主張した予定説は、半世紀以上の時を隔てて、「ドルト信仰基準」（1619）において採用され、名実共に改革派の信仰（教義）となった。その結果、今日の改革派のプロテスタントが予定説をカルヴァンの教説としてのみ語ることは、片手落ちの誇りを免れ難い。

（『挑戦的宗教論集』p. 152 参照）

第VI編　信仰による義認の知

信仰による義認の聖書的根拠

　信仰による義認は、キリストが私たちの罪のために死に渡され、私たちを義とするために甦らせられた（ローマ 4:25）ことに依存している。神の義はキリストを信ずる信仰を通して、私たちに恩恵として与えられる。

　新約聖書は、信仰によって義とされることを次のように表明している。

　　なぜなら、神の義は福音のうちに信仰から信仰を通して啓示され、それは「義人は信仰によって生きる」と書かれている通りです（ローマ 1:17）。

　　今や、神の義が律法とは別に明らかにされ、律法と預言者たちがそれを証言しています——その神の義はイエス・キリストを信ずる信仰を通して、信ずる者すべてに与えられます（ローマ 3:21-22）。

　　なぜなら、私たちは、人が義とされるのは律法による行いとは関わりなく、信仰によると考えるからです（ローマ 3:28）。

　　私たちの主イエス・キリストを死者の中から甦らせた方を信ずる私たちも、その信仰を義とされます。彼は私たちの罪のために死に渡され、私たちを義とするために甦らせられました（ローマ 4:24-25）。

　　キリストが律法を終わらせたので、信ずる者すべてが義とされます（ローマ 10:4）。

　これらの聖書箇所においてパウロは、ギリシア語動詞 *dikaioō*　（義とする）という用語で、神の罪びとたちに対する恵みの行為を表現した。

　しかし言語学的には、「赦す」（*aphiēmi*）と「義とする」を同義と見なす根拠は存在しない。ギリシア語動詞 *dikaioō* は、パウロ特有の神学用語であり、*aphiēmi* と結び付く文脈は新約聖書のどこにも見出されない。

（『挑戦的宗教論集』pp. 115-16 参照）

マルティン・ルターにおける神の義の発見

　マルティン・ルターは、『ラテン語著作の完全版』（ヴィッテンベルク、1545年）の序言において、青年時代に経験した神学的問題を回想した。彼にとって神の義（*institia Dei*）は、自分を含めて罪びとたちを断罪することを意味していた。しかし、ローマの人びとへの手紙 1:17 の意味を吟味した結果、自らの神学的改革の扉を開くことによって、ついに神の義を理解するようになった。

　下記に掲げる文章は、その経験を要約したものである。

　　私は実のところ、ローマの人びとへの手紙におけるパウロを理解するために異常な熱心さの虜となっていた。しかし、それまで私の道に立ちはだかっていたのは、第1章 17 節の「神の義はそのうちに啓示されています」という唯一の語句だった。なぜなら、私はその「神の義」という言葉を嫌悪していたからである。すなわち、私はすべての教師たちの語法と習慣に従って哲学的に理解するように教えられ、形式的あるいは積極的な義——すべての教師たちはそう呼んでいた——に関しては、神は義であり、不義の罪びとたちを罰する、と理解していた。

　　私は修道士として非難されることなく生活していたけれども、極端に不安な良心から神の前に罪びとであると感じていた。私は罪を償うことによって神を宥めることができるとは思っていなかった。私は罪びとたちを罰する義なる神を愛していなかったし、確かに嫌悪していた。そしてひそかに、冒涜的でなかったとしても、確かに大げさに呟き、神に怒りを覚えて私は、「実際、原罪によって永遠に見捨てられた惨めな罪びとたちが十戒の律法に基づいてあらゆる種類の災難によって粉砕されても十分でないかのように、神を信じないから福音によって苦しみに苦しみを加え、また福音によって神の義と怒りをもって私たちを脅すのですか！」と言った。こうして私は、荒れ狂った、不安な良心をもって激怒した。それにもかかわらず、私は聖パウロが欲していたものを最も熱心に知ろうとして、その場所でパウロを執拗に叩いた。

　遂に、神の憐れみによって、日夜瞑想して、私はこの語句の文脈に、すなわち、「『信仰によって義なる者は生きる（ 'He who through faith is righteous shall live.'）』と書かれているように、そのうちに神の義は啓示されています」〔ローマ 1:17〕に注目した。神の義とは、義なる者が神の義に基づいて神の賜物によって、すなわち信仰によって生きることだと、私は理解し始めた。そして、その意味するところは、神の義は福音によって啓示されており、すなわち、憐れみ深い神はその受動的な義に基づいて、「信仰によって義なる者は生きる」と書かれているように、私たちを信仰によって義とする、ということである。ここで私は、全く生まれ変わり、開かれた扉から楽園そのものに入ったと感じた。ここで、全聖書の別の顔がそれ自体を私に現した。そこで私は、記憶を辿って聖書をざっと読んだ。私は類似する他の用語を見出した。例えば、神の働き、すなわち神が私たちのうちに為すもの、私たちを強くする神の力、私たちを賢くする神の知恵、神の力強さ、神の救い、神の栄光などを見出した。

　そこで私は、以前に嫌悪していた言葉「神の義」に対する嫌悪感に匹敵する愛をもって、私の最も甘美な言葉を激賞した。こうして、パウロにおけるあの場所は、私にとって、真に楽園への扉となった（*Martin Luther: Selections From His Writings*, ed. John Dillenberger）。

ローマの人びとへの手紙 1:17 の翻訳について

　ὁ δε δικαιος εκ πιστεως ζησεται は、ヘブライ語聖書の וְצַדִּיק בֶּאֱמוּנָתוֹ יִחְיֶה׃ （Hab 2:4）からの翻訳であり、字義通りには、「しかし、正しい者はその信仰によって生きる」という意味である。

　しかし、ギリシア語の *ὁ δικαιος εκ πιστεως ζησεται* は、歴史的に二様に解釈されてきた。すなわち、一方では、ハバククに倣い、*εκ πιστεως* を後の *ζησεται* と結び付けて "The righteous shall/will live by faith" と訳され（ESV, NRSV, NIV 参照）、他方では、*εκ πιστεως* を前の *δικαιος* と結び付けて、例えば、"Whoever is justified through faith shall gain life." (REB), "The people God accepts because of their faith will live." (CEV) などと訳されている。

　　　　　　　　　　　　　　　　（『挑戦的宗教論集』pp. 116-18 参照）

マルティン・ルターにおける神の義の外在的側面

ルターの〈罪びとにして同時に義人〉——人間は生きている限り原罪に拘束され、神の憐れみによって義人とされてからも依然として罪びとに留まる——という定式は、信仰による義認の核心を突いている。キリスト者は現実的に罪びとであるが、神の恩寵によって、すなわち、信仰によって義人なのである。

「神の福音のために選別され、使徒として召されたキリスト・イエスの僕パウロ」（ローマ 1:1）に関する注解

神は私たち自身を通して私たちを救うことを欲せず、外在的な義と知恵を通して私たちを救うことを欲している。すなわち、私たちから生じ、私たちの中で成長するものを通してではなく、私たちの外側から来るものを通して、この地上に起源を持つものではなく天から来るものによって、私たちを救うことを欲している。したがって私たちは、完全に外側から来る異質な義を教えられなければならない。私たちから生まれる私たちの義は、真っ先に根こそぎにされなければならない。

「過ちが赦され、罪が覆い隠された人びとは幸いです」（ローマ 4:7／詩編 32:1）に関する注解

聖徒たちは常に、自分たち自身の目に内的に（intrinsice）罪びとであり、したがって常に、外的に（extrinsice）義人とされる。しかし、偽善者たちは常に、自分たち自身の目に内的に義人であり、したがって常に、外的に罪びとである。

私が「内的に」という用語を用いるのは、私たち自身の目に、私たち自身の評価において、私たちが私たち自身において如何にあるかを示すためであり、「外的に」という用語を用いるのは、神の前に、また神の評価において、私たちが如何にあるかを明らかにするためである（"Lectures on Romans" in *Luther's Works*, Vol.25）。

（『挑戦的宗教論集』pp. 126-27 参照）

マルティン・ルターにおける〈信仰によってのみ〉

　ルターのドイツ語訳聖書（LutherB）は今も生き続けるドイツの偉大な遺産と見なされている。このルター訳聖書で直ちに思い起こす表現の一つに、彼の信仰による義認の核心を示している、ローマの人びとへの手紙 3:28 がある。彼はこの聖書箇所を次のように翻訳した。

So halten wir nun dafür, dass der Mensch gerecht wird ohne des Gesetzes Werke, allein durch den Grauben. *a*　　　　　　　　　　　　　　*a* Gal 2:16
　（そこで私たちは、人は律法の行為によってではなく、信仰によってのみ義とされると考えています。）

　このルター訳にある "allein"（のみ）に相当する語は、彼が底本として用いた TR にも、一般的な SCT のギリシア語原文にもない。

λογιζομεθα ουν πιστει δικαιουσθαι ανθρωπον, χωρις εργων νομου.
　　　　　　　　　　　　　　　　　　　　　　　　　　（Romans, 3:28, TR）
　（したがって私たちは、人は律法の行為なしに、信仰によって義とされると考えています。）

　ルター訳の「信仰によってのみ」の語句における「のみ」は、周知の如く、ルター自身が付加したものである。この付加に関する説明は、彼の有名な『ローマの人びとへの手紙に関する講義』（"Lectures on Romans" in *Luther's Works*, Vol.25）にはないが、この付加がルターにとって、神の義自体を示すために不可欠なものであったことは間違いない。

　のちにルターは自分の翻訳について一書を著して、この「のみ」は「内容自体が要請する必要不可欠の付加」であると断じている（徳善義和『マルティン・ルター』〔岩波新書 2012〕p. 100）。

　　　　　　　　　　　　　　　　　　　　　　　　　　（2020.11.15 執筆）

マルティン・ルターにおける〈罪びとにして同時に義人〉

　一般的に、キリストを信ずることにより、個人的に罪を赦され、義とされると理解されがちであるが、ルターはそのように自分を自分自身で義とする態度を自己義認、偽善的行為として排斥した。彼は自ら罪びとでありながら、神の前に、神の評価において義とされることを、すなわち外的に義とされることを、キリスト者の態度として勧めた。

　ルターにおける信仰による義認の教説では、彼の〈罪びとにして同時に義人〉という逆説的定式を見逃すことはできない。しかし驚くなかれ！　ルターによれば、私たちは罪を赦されて、神の義を受けるのではなく、罪びととして受けるのである。ルターはこのことを次のように明解に語っている。

　「過ちが赦され、罪が覆い隠された人びとは幸いです」（ローマ 4:7／詩編 **32:1**）に関する注解：

　　聖徒たちは常に、自分たち自身の目に内的に罪びとであり、したがって常に、外的に義人とされる。しかし、偽善者たちは常に、自分たち自身の目に内的に義人であり、したがって常に、外的に罪びとである。……

　　聖徒たちは絶えず、自分たちの罪を意識し、神の憐れみによる神からの義を求める時、神によって義人と見なされる。彼らは、彼ら自身の目に、また実際に不義なる者である故に、罪を告白する故に、神がそれを評価して、神の前に義人とされるのである。彼らは意識せずに義人であり、意識的に不義なる者である。すなわち、彼らは事実上罪びとであるが、希望において義人なのである。

　「私自身は、理性では神の律法に仕え、肉では罪の律法に仕えているのです」（ローマ **7:25b**）に関する注解：

　　これはすべての中で最も明確な表明である。一人の、同一の人間が、神の律法と罪の律法に同時に仕えていることに、すなわち、義であると同時に罪であることに注目せよ！　なぜなら、パウロは「私の理性は神の律法に仕えている」とも、「私の肉は罪の律法に仕えている」とも言わず、「私

という全人間、同じ人格が、二重の奴隷状態に置かれている」と言っているからである。したがって彼は、神の律法に仕えていることに感謝し、罪の律法に仕えているために憐れみを求めているのである。

("Lectures on Romans" in *Luther's Works*, Vol. 25)

　こうして、ルターの信仰による義（神との正しい関係）から導き出されるものは、罪の赦しではなく、私たち自身のうちにある罪の意識であり、心の奥底からの罪の告白である。こうして、ルターの信仰による義は、主の祈りと結び付き、罪の告白を経て、私たちキリスト者を赦罪宣言の必要性へと導く。

（『挑戦的宗教論集』pp. 120-21　参照）

ジョン・パイパーによるルターの外在的概念の弁証

　ジョン・パイパー（John Piper）はその著『至高の喜びの遺産』においてアウグスティヌス、ルター、およびカルヴァンの三人の神学者の生涯と神学を論じたが、その中でルター神学における外在的概念の重要性にも言及している。以下にその要点を紹介する。

神の言葉は一冊の本である

　宗教改革の——特にマルティン・ルターの——偉大な発見の一つは、神の言葉は一冊の本の形で私たちに来る、ということだった。換言すると、ルターは、神が救いと聖性の経験を時代から時代へと保持し続けるのは、一冊の啓示の本という手段によってであり、ローマ教会の司教によってでも、トマス・ミュンツァーやツヴィッカウの預言者たちの恍惚状態によってでもないという、この力強い事実を把握した。

　ルターは1539年に、詩編119編を注解して、「この詩編において、ダビデは常に、昼も夜も絶えず、神の言葉と戒めについてのみ話し、考え、語り、読むであろう、と言っている。神は外在的な言葉を通してのみ、ご自身の霊をあなた方に与えることを望んでいるからである」（*What Luther says*, comp. E.M. Plass）。この表現は極端に重要である。「外在的な言葉」とは、聖書のことである。そしてルターは、救い、聖化、神の霊の照明は、この「外在的な言葉」を通して私たちに来る、と言う。ルターがそれを「外在的な言葉」と呼ぶのは、それが客観的で、固定的で、私たち自身の外にあり、それ故に不変であることを強調するためである。それは一冊の本である……。それは神のように「外在的」である。あなたはそれを受け入れることも見捨てることもできる。しかし、現に存在しているものを他のものに作り変えることはできない。それは固定的な幾つもの文字、語、文章から成り立っている一冊の本である（John Piper, *The Legacy of Sovereign Joy*）。

（『挑戦的宗教論集』pp. 128-29 参照）

ジャン・カルヴァンにおける信仰による義認

カルヴァンは他の宗教改革者たち、ルター、メランヒトン、ツヴィングリ、ブツァーから、特にルターから影響を受けた（Alexandre Gnoczy, *The Young Calvin* 参照）。

信仰による義認に関しても、カルヴァンがルターから影響を受けていたことは明らかである。「人は信仰によってのみ義とされる」（ローマ 3:28）というルター訳を取り上げ、カルヴァンはこの、ギリシア語新約聖書にない表現の「信仰のみ」（"faith alone"）を擁護している（Institutes, III. 11. 19）。

カルヴァンの信仰による義認の論述は、『キリスト教綱要』の第 III 巻 第 11 章の冒頭から始まる。

第 11 章　信仰による義認：その用語とその事柄自体の定義

1.　「義認」の教説の意味

キリストは——私たちが信仰によって把握し、所有することができるように——神の寛大さによって私たちに与えられた。私たちはキリストに与ることによって、主として二重の恵みを受ける。すなわち、キリストの潔白さを通して神と和解させられることによって、私たちは天において審判者の代わりに、慈悲深い父を持つようになる。第二に、私たちはキリストの霊によって聖化され、汚れなく清らかな生活を目指すようになる。義認は宗教が拠って立つ重要な中心点であるから、私たちは義認に対して一層の注意と配慮を払わなければならない。なぜなら、あなたがまず神との関係が如何なるものであるかを、またあなたに対する神の裁きの性質が如何なるものであるかを把握しない限り、あなたは救いを確立する基礎も、神に対する敬虔を築く基礎も持たないからである（Institutes, III. 11. 1.）。

2.　義認の概念

信仰によって義とされるとは、行いによる義から排除され、信仰を通してキリストの義を把握し、その義を着た者が、神の前に罪びととしてではなく、義なる人間として現れることを言う。したがって私たちは、義認と

は、神が私たちを義なる者としてご自身の慈愛のうちに受け入れられることである、と単純に説明する。そして私たちは、それは罪の赦しとキリストの義の〔人間への〕転嫁に存する、と言う（Institutes, III. 11. 2.）。

11.　義認に関するオジアンダーの教説は救いの確かさを無効にする

　　オジアンダーは、実際に悪に留まっている人びとを義とすることは、神を侮辱し、神の本性とも矛盾すると言う。しかし、私がすでに言ったことを記憶しなければならない。すなわち、義認の恵みは再生と切り離せないが、両者は区別されなければならない。しかし、義人たちのうちに罪の痕跡が常に残されていることは経験によってよく知られているので、彼らの義認は新しい生命への改革〔ローマ 6:4 参照〕とはかなり異なったものとならざるを得ない。神はご自身が選んだ者のうちにおいてこの第二段階（再生）を始められ、それを、生涯を通して徐々に、時にはゆっくりと前進させられる。彼らは常に神の法廷で死の宣告を受ける状態に置かれているからである。しかし、神は彼らを一部分だけでなく、惜しみなく義とするので、彼らはキリストの清らかさをまとうが如く天に現れることになる（Institutes, III. 11. 11.）。

　この議論において特に注目すべきは、カルヴァンが「義人たちのうちに罪の痕跡が常に残されていることは経験によってよく知られている」と言い、ルターの〈罪びとにして同時に義人〉の定式を別の言葉で説明していることである。

　結論として私は、「カルヴァンにおける信仰による義認」を、次のように要約する。
　① 私たちはキリストに与かることによって、神と和解させられ、キリストの霊によって聖化され、清らかな生活を目指すようになる。
　② 信仰による義認とは、神が私たちを義なる者として受け入れてくださることを意味する。
　③ 義とされた後も罪を犯す義人たちは、神から惜しみなく義とされた身分で再生の道を歩み始め、生涯を通して聖化される。

（『挑戦的宗教論集』pp. 121-23 参照）

第VII編　悔い改めの知

キリスト者が学ぶべき悔い改め
ペトロス・ロンバルドゥスにおける悔い改め
ジャン・カルヴァンにおける「改悛と信仰」
ハイデルベルク教理問答における悔い改め
義人の悔い改め

キリスト者が学ぶべき悔い改め

　私たちキリスト者は、キリストを信じ洗礼を受けてそれまでの罪を赦され、キリスト者として生きることになっても、不可避的に罪びととして生きることを余儀なくされている。キリスト者はすべて、罪びととして生きているのである（ローマ 3:23）。その状態は、キリストを信ずることによって義とされながらも罪びととして生きる、〈罪びとにして同時に義人〉の状態と言えよう。

　またカルヴァンは、信仰による義人は神の法廷で死の宣告を受ける状態にありながら、神から惜しみなく義とされているので、全生涯にわたる長い道程を聖霊の導きの下での改悛を通して聖化され天に現れる、と説いている。

　こうしてキリスト者は、義人として、悔い改めの生涯を生きることになる。

1　旧約聖書におけるダビデ王の悔い改め

　旧約聖書における最も典型的な悔い改めは、ダビデ王の生涯に見ることができる。彼は王として人妻を乗っ取り、その夫を戦場に送り込んで戦死させるような大罪を犯したが、預言者ナタンの叱責を介して悔い改め、歴史に残る偉大な再生の生涯を生きた。彼の悔い改めの言葉は詩編に残されている。

　　神よ、あなたの変わらざる愛によって、私を憐れんでください。
　　あなたの豊かな憐れみによって、私の咎を消し去ってください。
　　私の不法行為を洗い流し、私の罪を清めてください。（詩編 51:1-2）

　ダビデ王は再生を果たしたが、それは彼の真の悔い改めによって預言者ナタンを介して神から赦されたからであり、「罪を犯さない者は一人もいない」（列王上 8:46, 歴代下 6:36）というヘブライ思想を抱いていた神の民からも赦されたからであろう。

2　新約聖書における取税人の悔い改め

　新約聖書における最も典型的な悔い改めは、取税人の悔い改めの行為に見ることができる。

神さま、罪びとの私を憐れんでください（ルカ 18:13）。

　東方正教会において、「取税人の祈りは、天国の門に至るまで義人の道連れとなる。なぜなら……キリスト者は救いの途上にあって、常に『希望と恐れ』の間を生きるからである」と言われている（Vladimir Lossky, *The Mystical Theology of the Eastern Church*, 1998）。

　この他に新約聖書には、罪びとたちを、罪の赦しのための悔い改めに導く言葉が数多くある（マルコ 1:4; ルカ 3:3; 15:21; 24:47; 使徒 2:38; 5:31; 他）。

3　マルティン・ルターにおける悔い改め

　宗教改革の発端となった「95 か条の提題」の冒頭において、ルターは、すべての人間が罪びとであり、悔い改めが必要であることを強調した。

　　私たちの主であり、師であるイエス・キリストが「悔い改めなさい」と言った時、彼は信ずる者たちの全生涯が改悛の生となることを求めたのである（The Ninety-Five Theses, 1517）。

　ルターはまた、神がどこにいるかを論じた際に、この問題は人間理性の理解力をはるかに超えていると言い、「神の最も好む座は罪を深く悔いる心である」と言って、イザヤ書 66:2 を引用した。

4　ジャン・カルヴァンにおける悔い改め

　カルヴァンは、ジュネーヴ教会のために作成した『祈りの形式』（1542）において、如何に罪を告白し、赦しを求めるべきかの模範を示した。

　　私の兄弟たちよ、あなた方各自は主の顔の前に自分自身をさらけ出し、私の言葉に従って心の中で自分の過ちと罪を告白してください。
　　永遠にして全能の父・神である主よ、私たちは不法と腐敗のうちに宿されて生まれ、悪を行いがちで、如何なる善をもなし得ない惨めな罪びとたちであることを、また私たちの堕落によって、私たちは際限なく、絶えず、あなたの聖なる戒めに背いていることを、あなたの聖なる威厳の前に正直に認め、告白します。私たちはあなたの正しい裁きを通して、破滅と永遠

の死を身に帯びています。しかし主よ、私たちはあなたを怒らせてしまったことを嘆き悲しんでいます。また私たちは、真に悔い改めて私たち自身と私たちの罪を責め、私たちの苦悩を取り除くためにあなたの恵みを願い求めます。

5　プロテスタント諸教派の信仰告白における悔い改め

　プロテスタント教会の代表的な信仰告白は、キリスト者の悔い改めを重要視し、それを明確に定義している。それらはキリスト者が銘記するに値する。

　　アウクスブルク信仰告白：第12条「悔い改め」
　　第2スイス信仰告白：第14章「悔い改めと人間の回心について」
　　ウエストミンスター信仰告白：第15章「生命に至る悔い改めについて」

6　東方正教会における悔い改め

　東方正教会は、その歴史を通して、ルカによる福音書18:13 に基づいて義人の悔い改めを尊重してきた。東方正教会に属する人びとによる次の見解は何れも彼らの信仰の核心を披歴している。

　　シリア人聖イサクはこう言っています、「悔い改めは、常に、すべての人にふさわしいものです。罪びとたちにとっても、救いを求める義人にとっても、完全に至る道に境界はありません。なぜなら、最も完全な人の完全でさえ、不完全なものだからです。ですから、死の瞬間まで、悔い改めの時も行為も完全ではあり得ないのです」(Vladimir Lossky)。

　　洗礼の賜物の一つは、罪の赦しである。悔い改めは、洗礼の恵みを回復する「第二の洗礼」である（*Philokalia, The Eastern Christian Spiritual Texts,* 2012)。

7　フョードル・ドストエフスキーにおける罪びと意識

　悔い改めに関するドストエフスキーの記述は、彼の長編小説『カラマーゾフの兄弟』、「第6編　ロシア人の修道士」中の「ゾシマ長老の兄」を説明するく

だりに現れる。ドストエフスキーにおける悔い改めは、具体的には、ゾシマ長老が若かった頃、8歳年長の兄マルケル（Markel）が母との会話の中で告白する罪びと意識として表明されている。

> 「愛するお母さん、私はこのことをあなたに伝えたいのです。私たちは皆、すべての人の前にすべてのことで罪を犯しています。そして私は、すべての人の中で最も罪深い者です」
>
> これを聞いて母は微笑みさえ浮かべ、彼女は泣き、そして微笑んだ。
> 「どうしてそんなことが」と、彼女は言った。「あなたがすべての人の前で最も罪深いなんてことがあり得るのですか？　殺人者や強盗がここかしこにいるのに、あなたは罪を巧みに操って、あなた自身をすべての人の中で最も罪深いと責めるのですか？」
> 「愛するお母さん、私の心の心よ」と、彼は言った（彼はこのように予想外の、親愛の情に満ちた言葉を使い始めていた）。
> 「私の喜びであるお母さん、私の心の心よ、私たちの誰もがすべての人とすべての事柄について、すべての人の前に罪を犯しているということを、あなたにはぜひ分かって欲しいのです。あなたにそれをどのように説明すべきか分かりませんが、私はそれを、苦しくなるほど強烈に感じているのです」（Fyodor Dostevsky, *The Brothers Karamazov*）。

以下省略

8　ディートリヒ・ボンヘッファーにおける悔い改め

9　植村正久の説教観における悔い改め

10　『日本基督教団式文（試用版）』の「罪の告白」における悔い改め

（『宗教的小論選集』pp. 111-19 参照）

ペトロス・ロンバルドゥスにおける悔い改め

　12 世紀に、ペトロス・ロンバルドゥス（c.1095-1160）は、『命題論集』において悔い改めに関する、画期的なローマカトリック様式を提起した。彼の秘跡としての悔い改めに関する定義には、

① 神に対する悔恨（contrition）

② 司祭に対する告白（confession）

③ 司祭による赦罪宣言（absolution: 後に、罪の赦しの専門用語となる）

④ 改悛のための罪の償い（penitential satisfaction）が含まれていた。

　中世後期には、ローマカトリック教会における罪の悔い改めと赦しの様式は、改悛のための罪の償いとしての贖宥／免罪が強調され、その最盛期を迎えた。そして、償いとして求められる慈善行為の規定は施しや巡礼の他、聖堂訪問から献金にまで拡大された。1517 年、ドミニコ会の修道士テッツェルによる聖ペテロ大聖堂建立のための贖宥状販売の説教がマルティン・ルターの注意を引き、宗教改革の発端となったことは周知の事実である。

　カトリック教会は宗教改革による批判を受けて、トリエント公会議（1545-63）において教義を見直し、再確認したが、その中には赦しの秘跡も含まれていた。こうして、赦しの秘跡は、ヨハネ 20:23 を聖書的根拠として、キリスト者の受洗後の罪を客観的に赦す秘跡として保持された。

　赦罪宣言は今日、カトリック教会とルター派のプロテスタント教会などにおいて実際に行われているが、その起源はこのペトロス・ロンバルドゥスの悔い改めにある。

（『挑戦的宗教論集』p. 160 参照）

ジャン・カルヴァンにおける「改悛と信仰」

シュタインメッツ（David C. Steinmetz）は、カルヴァンの、信仰によって義とされた罪びとたちの生き方を次のように要約している。。

> 信仰による義認の教義は、カルヴァンにとって、中世教会の告解の秘蹟を無効にした。イエス・キリストの生涯と死と復活を通して罪の赦しの良き知らせを信じた罪びとたちは、自分たちに帰せられるキリストの義を持っていた……。罪びとたちは信仰によって義とされ、その働きは聖霊によって内面化され、それ自体において変容し続ける。そういうわけで、義とされた罪びとたちは、信仰の最初の瞬間から死の最後の瞬間に至る全生涯にわたる長い道程において聖霊によって聖化される（D.C. Steinmetz, "The Theology of John Calvin" in *The Cambridge Companion to Reformation Theology*）。

聖霊によって聖化される義人の生き方とは、具体的にはどのようなものなのか、カルヴァンがそれを改悛の行為の中に見出したことを、シュタインメッツは次のように説明している。

> カルヴァンにとって、「改悛と信仰」という語句は、誤解を招きやすいものだった。なぜなら、信仰は真の改悛に続くものではなく、それに先行するものだったからである。信仰の学校における本来的な順序は、「信仰と改悛」であった。信者たちだけが罪の何たるかを真に知っているので、改悛は敬虔な人びとの日々の行動となるのである（Ibid.）。

ここで、義人の悔い改めが強調されていることは明らかである。信仰によって義とされたキリスト者が、罪を赦された状態にあるのではなく、罪びととして罪を悔い改める状態にあることは、常に銘記されなければならない。

（『挑戦的宗教論集』p. 123 参照）

ハイデルベルク教理問答における悔い改め

　ハイデルベルク教理問答は、「問 81　主の食卓に来るべき者とは？」
の答えにおいて、罪の赦しと共に悔い改めに言及している。

　　問 81　主の食卓に来るべき者とは？
　　答　それは、自分たちの罪故に自分たち自身を嫌悪している人びとであり、
　　それらの罪が赦され、自分たちに残っている弱さもキリストの受難と死に
　　よって覆い隠されていると信じる人びとであり、また、自分たちの信仰が
　　強化され、自分たちの生活が改善されることを一層望む人びとである。し
　　かし、悔い改めない者たちと偽善者たちは、自分たち自身への裁きを飲み
　　食いしているのである。　　　　　　　("Heidelberg Catechism" in CCFCT)

　問 81 の答えは、聖餐に与かることによって罪の赦しが与えられると言って
いる。と同時に、悔い改めない者たちと偽善者たち」が罪の赦しの圏外にいる
ことを示唆している。

　　（「『ハイデルベルク教理問答』の成立事情」については、本書 pp. 129-30 参照）

　　　　　　　　　　　　　　　　　（『挑戦的宗教論集』pp. 171-72 参照）

義人の悔い改め

　私たちキリスト者は、キリストを信じ洗礼を受けてそれまでの罪を赦され、キリスト者として生きることになっても、不可避的に罪びととして生きることを余儀なくされている。主の祈りその他の聖書の言葉によって教えられている通り、キリスト者はすべて罪びとである (ローマ 3:23)。

　カルヴァンは、信仰による義人は神の法廷で死の宣告を受ける状態にありながら、神から惜しみなく義とされているので、全生涯にわたる長い道程を聖霊の導きの下での改悛を通して聖化され天に現れる、と説いている (本書 p. 172)。

　こうして、キリスト者は義人として、悔い改めの生涯を生きることになる。義人の悔い改めについては、東方正教会の見解が大いに役立つ。

　　シリア人聖イサクはこう言っています、「悔い改めは、常に、すべての人にふさわしいものです。罪びとたちにとっても、救いを求める義人にとっても、完全に至る道に境界はありません。なぜなら、最も完全な人の完全でさえ、不完全なものだからです。ですから、死の瞬間まで、悔い改めの時も行為も完全ではあり得ないのです」(Vladimir Lossky, *The Mystical Theology of the Eastern Church*, 1998)。

　　聖人とは悔い改める者、自覚した罪びと——常に自分が《いちばん罪深いもの》であると自覚している罪びと——であるが、その自覚があるからこそ、神の恩寵にあずかることができる (オリヴィエ・クレマン著／冷牟田修二・白石治郎訳『東方正教会』〔白水社 1977〕)。

　この関連では、日本バプテスト連盟がその信仰宣言において、「信仰はイエス・キリストを信じ受入れ、罪を悔い改め、全身全霊をもってキリストに従うことである。この信仰によってのみ、私たちは神に義とされ、新生にあずかることができる」と表明していることは、真に銘記するに値する。

(『挑戦的宗教論集』p. 124 参照)

第Ⅷ編　罪の赦しの知

新約聖書における罪の赦しの諸相
洗礼による罪の赦し、その聖書的根拠
受洗後の罪の赦し、その聖書的根拠
理想的に生きたキリスト者たちと現実的に生きたキリスト者たち
実存的観点から見た罪の赦し
現代の、典礼による受洗後の罪の赦し

新約聖書における罪の赦しの諸相

　新約聖書における罪の赦しに関する記事は、一般的に考えられているよりもはるかに多角的で、多彩である。そこで、罪の赦しの諸相を概観する。

　C.R.ショグレンは ABD において、新約聖書における罪の赦しを包括的に論じているので、ここではその概要を紹介し、私見を追記する。

神による赦し（Forgiveness by God）

　神の赦しは神の愛の性格に依存している。その赦しはすべての者に差し出されているが、すべての者がそれを受け取るわけではない。赦しの障害には、悔い改めない頑固な気持ち（マルコ 4:12）、不信仰（使徒 2:37-38）、罪の否定（Ⅰヨハ 1:8-10）、他者に対する赦しの拒絶（マタイ 6:14-15）などがある。

　放蕩息子の譬え話（ルカ 15:11-32）は罪びとに対する神の赦しの模範である。その特徴は、謙虚に立ち帰った者を回復させようとする父の熱意である。「罪の赦し」は、ルカ文学においては、救いの同義語となっている。その赦しは、最初の悔い改め（ルカ 24:47; 使徒 2:38; 5:31）とイエスへの改心（使徒 10:43; 13:38; 26:18）の文脈において与えられている。

人の子による赦し（Forgiveness by the Son of Man）

　諸福音書の革新の一つは、人の子が罪を赦すことができるという、イエスの主張である。そしてそれは、麻痺患者の癒しにおいて実証された。イエスは「人の子が地上で罪を赦す権威を持っていることを知らせるために」麻痺患者に神の赦しを与え、癒した（マタイ 9:1-8／マルコ 2:1-12／ルカ 5:17-26）。人の子の言説における要点は、イエス自身が地上において人の子であり、終末論的審判者である、ということであろう（マタイ 25:31-46; マルコ 8:38; ルカ 5:22）。

十字架による赦し（Forgiveness in the Cross）

　イエスの宣教は、先例のない、罪の赦しをもたらした。彼は最後の晩餐において、新しい契約の確立に触れている——「これは罪の赦し（*aphesis*）のために、多くの人のために流される、私の契約の血です」（マタイ 26:28）。

新約聖書の著者たちは、一貫してキリストを究極的な犠牲と考え、「血を流さないところに、罪の赦し (*aphesis*) はありません」（ヘブラ 9:22. 他に 10:12-18 参照）と表明した。

パウロは、キリストの十字架上の死を贖いの死として捉え、その赦しを明快に語っている（ローマ 3:24-25）。

神があなたを赦すように他の人びとを赦しなさい（Forgive Others as God Forgive you）

新約聖書は一貫して、「自分の仲間たちを赦しなさい」という戒めが神の憐れみ深い赦しに基づいていることを教えている。マタイ 18:23-35 における無慈悲な僕の譬え話は、神の憐れみを引き出しておきながら、自分の僕たちに憐れみを施さなかった人びとに対する生き生きとした叱責を描写している。

キリスト者は「私の負い目を赦してください」と祈る時、「私たちが私たちに負い目のある人びとを赦したように」と言わなければならない（マタイ 6:12）。聖書は「赦しなさい、そうすれば、あなた方も赦されます」（ルカ 6:37; マルコ 11:25; シラ書 28:2）とも、教えている。

使徒たちによる罪の赦免（Remission of Sins by the Apostles）

ヨハネ 20:23 によれば、イエスは使徒たちの 10 人に現れ、「もしあなた方が誰かの罪を赦すなら、彼らの罪は赦され、もしあなた方が誰かの罪を赦さないなら、彼らの罪はそのまま残ります」と約束した。カトリック教会はこれを、内密の告白および司祭による罪の赦しに対する、聖書的根拠と見なしてきた。プロテスタントの注釈者たちはこの権威を福音宣教の根拠であると、すなわち洗礼を授けたり、差し控えたりする権利であると、理解している。

(Gary S. Shorgren, "Forgiveness" in ABD 参照)

キリストの復活による赦し（Forgiveness by the Resurrection）

聖書はまた、イエスを死者の中から甦らせた神を信じる信仰を通して罪が赦されることを、明確に教えている。（使徒 5:31; ローマ 4:25; Ｉコリ 15:17. 参照：Ｉペト 1:3）。

(有馬七郎)

（『挑戦的宗教論集』pp. 56-62 参照）

洗礼による罪の赦し、その聖書的根拠

　新約聖書は、多くの箇所で洗礼による罪の赦しに言及している。人びとはそれぞれの罪を悔い改め、洗礼を受けることによって罪を赦されたのである。

　　人びとは自分たちの罪を告白して、ヨルダン川で彼〔洗礼者ヨハネ〕からバプテスマを受けた（マタイ 3:6）。

　　洗礼者ヨハネが荒野に現れ、罪の赦しのための悔い改めのバプテスマを宣べ伝えた（マルコ 1:4）。

　　「信じて洗礼を受ける者は救われますが、信じない者は罪に定められます」（マルコ 16:16）。

　　ヨハネはヨルダン川沿いのすべての地域に行き、罪の赦しのための悔い改めのバプテスマを宣べ伝えた（ルカ 3:3）。

　　ペトロは彼らに答えた、「悔い改めなさい、そしてあなた方は皆、罪の赦しを得るためにイエス・キリストの名によって洗礼を受けなさい。そうすれば、聖霊の賜物を受けるでしょう」（使徒 2:38）。

　　立ち上がって、その方の名を呼んでバプテスマを受け、あなたの罪を洗い流しなさい（使徒 22:16）。

　　パウロはバプテスマを重要視し、それを幾つかの書簡で言及している（ローマ 6:3-4; Ⅰコリ 6:11; 12:13; ガラテ 3:27-28）。

　　バプテスマを受けることによって罪を赦されるという、聖書の教えは、長い歴史を通して人びとの中に深く浸透している。生涯の終りまで洗礼を遅らせ、そうすることによって生涯のすべての罪から赦免された人びとの存在が知られている。

（『挑戦的宗教論集』pp. 62-63 参照）

受洗後の罪の赦し、その聖書的根拠

　受洗後の罪の赦しに関する聖書的根拠は、驚くほど少ない。そのため、歴代の神学者、信者たちは受洗後の罪の赦しの問題について、文字通り苦闘してきた。この問題は、すでに新約聖書時代直後から始まった。その最古の痕跡は、使徒教父文書の教皇クレメンス１世（在位 92-101）の「クレメンスの第２の手紙」に見出される。その後も受洗後の罪からの解放を目指して、多くの神学者が如何に戦ってきたかは、その苦闘の歴史が示している。そして、受洗後の罪の赦し、贖宥状の問題をめぐって宗教改革が起こったことは周知の通りである。

　受洗後の罪の赦しに関する聖書的根拠は、次のような聖句に見出される。

> 「私たちの負い目を赦してください、私たちが私たちに負い目のある人びとを赦しましたように」（マタイ 6:12）。

> イエスは彼ら〔弟子たち〕に息を吹きかけて言った、「聖霊を受けなさい。もしあなた方が誰かの罪を赦すなら、彼らの罪は赦され、もしあなた方が誰かの罪を赦さないなら、彼らの罪はそのまま残ります」（ヨハネ 20:22-23）。

> ですから、あなた方は互いに罪を言い表し、互いのために祈りなさい。癒されるためです。義人の祈りは働くと大きな力があります（ヤコブ 5:16）。

> もし私たちが私たちに罪がないというなら、私たちは私たち自身を欺いており、私たちのうちに真理はありません。もし私たちが罪を告白するなら、神は真実で正しい方ですから私たちの罪を赦し、私たちをすべての不義から清めてくれます（Ｉヨハ 1:8-9）。

　これらの聖句から学ぶ最大の教訓は、私たちキリスト者が罪びとであることを、真に認識することである。そして今も、神の前に、また多くの人に対して罪を犯しているという現実認識である。

（『挑戦的宗教論集』pp. 63-64 参照）

理想的に生きたキリスト者たちと
現実的に生きたキリスト者たち

理想的に生きたキリスト者たち

　キリスト者の生き方には、歴史的に二つの流れが見られる。一つの流れは理想的な生き方で、受洗後に罪を犯すことはキリスト教的生活にふさわしくないという考え方である。その聖書的根拠は、「神から生まれた者は誰でも罪を犯しません。神の種が彼のうちにあり、神から生まれた故に、罪を犯すことができません」（Ⅰヨハ3:9）に求めることができる。

　この流れは、『使徒教憲』（4世紀後半頃シリアで編集された教会法令集）に見られる。その中で著者は、次のように述べている。

　　私たちは、洗礼で清められた人びとが呪うべき異教徒の邪悪な行為の罪に再び陥るとは信じない……。もし人が邪悪な行為を行なったと判決されるなら、彼はもはやキリスト者ではなく、偽善を通してしか主の宗教を保持することはできない（Michael J. O'Donnell, *Penance in the early church*, 1908）。

現実的に生きたキリスト者たち

　もう一つの流れは、主の祈りに見られる。主の祈りは紛れもなく、受洗後に罪を犯すキリスト者の現実的な姿を前提として成り立っている。

　聖書時代以後の、特に2世紀におけるキリスト者たちの主要な関心事は、受洗後の罪を犯した時に何を為すべきか、だった。受洗後のキリスト者の罪の問題を扱った最古の痕跡は、使徒教父文書の教皇クレメンス1世（在位92-101）の『クレメンスの第2の手紙』に見られる。その手紙は、受洗後の罪の赦しの問題を扱っており、悔い改めの教義の萌芽を含んでいる。

　『ヘルマスの牧者』（使徒教父集に含まれる一文書）は140年頃、ローマの一信徒によって書かれたもので、受洗後の罪を犯した者には、悔い改めの機会が一度だけ与えられることに言及している。

カルタゴ生まれのキリスト教神学者テルトゥリアヌス（c.160-c.220）は、ま
だカトリックだった204年頃、洗礼志願者用の教材として、改悛に関する論文
を書いた。彼はその中で受洗後に犯す罪の可能性を認め、彼らが再び堕落した
場合には、洗礼がキリスト者となる前の罪を拭い去るように、教会の監督下で
行われる改悛の規律が受洗後の罪を赦免する、と不本意ながら表明した。

彼はまた、改悛者たちを衣服によって差別する儀式、改悛者たちにふさわし
い態度、一定期間聖体の祭儀から排除されるべきことなどを論じた。ここから
「聖餐停止」の慣行が始まった。

半世紀後、カルタゴの司教キュプリアヌス（c.200-258）は、迫害の下で信仰
から逸脱するキリスト者たちの問題に直面し——告白、改悛による罪の償い、
および平和の回復と教会との再結合の——3部から成る典礼を考案した。

アレクサンドリア派のキリスト教神学者アレクサンドリアのクレメンス
（c.150-c.215）は、信仰を持たない者は洗礼を通して赦しを受け、キリスト者
は改悛を通して赦しを受けると語り、「神は未来を見通し、未来を予見するので、
罪を犯した信者にさえ憐れみをもって、第二の改悛の機会を与えられる。した
がって、誰かが信仰に召された後に、悪魔に唆され巧妙に欺かれたならば、彼
には改悛の機会が一回だけ与えられる」と言っている。

アレクサンドリアのクレメンスの弟子オリゲネス（c.185-c.254）は、重大な
罪を犯した事例について、「改悛の機会は一回だけ与えられる。しかし私たちが、
頻繁に犯す通常の罪には、常に悔い改める余地があり、必要に応じて赦しが与
えられる」と言っている。オリゲネスは後年の著作では、「一回だけ」の表現を
「一回だけ、あるいは稀に」と変え、厳しさを緩和した。

中世初期に、カッシアヌス（436-435）は、改悛に関して、死に至る罪を列
挙し、「魂の友」や司教によって行われる個人的改悛の手順について論じた。

12世紀までに、ペトロス・ロンバルドゥス（c.1095-1160）の『命題論集』
は、悔い改めに関する、画期的なローマカトリック様式を提起した。彼の秘跡
としての悔い改めに関する定義には、

① 神に対する悔恨（contrition）
② 司祭に対する告白（confession）

③ 司祭による赦罪宣言（absolution: 後に、罪の赦しの専門用語となる）

④ 改悛のための罪の償い（penitential satisfaction）が含まれていた。

　中世後期には、ローマカトリック教会における罪の悔い改めと赦しの様式は、改悛のための罪の償いとしての贖宥／免罪が強調され、16 世紀初頭にその最盛期を迎えた。1517 年、ドミニコ会の修道士テッツェル（c.1465-1519）がヴィッテンベルク近くで行った贖宥状販売の説教がマルティン・ルターの注意を引き、これが 95 か条のテーゼの掲出に繋がり、宗教改革の火蓋を切ったことは周知の事実である。

　宗教改革者たちは、カトリックの赦しの秘跡を認めず、聖礼典に含めなかった。しかし彼らは、告解に基づく赦しの慣行を尊重し、継承した。例えば、「アウクスブルク信仰告白」には、「悔い改め」の規定がある――「私たちは、洗礼後に罪を犯した人びとが悔い改める時にはいつでも赦しを受けると、また赦罪宣言は教会によって否定されてはならないと、教えられている」。

　宗教改革者たちの、受洗後の罪の赦しに対する洞察は、その個人的な側面から共同体的な側面に向けられた。すなわち彼らは、受洗後の罪の赦しを、告解室という密室から、典礼という公的な場へと移すことを考えたのである。この試みは、ストラスブールのマルティン・ブツァーの教会で実践され、その精神はジャン・カルヴァンに継承された。

　「カルヴァンは、ルター同様に、牧師に対して個人的に罪を告白することを、有効な霊的修練として勧めた」（David C. Steinmetz）。また、『キリスト教綱要』において、「私たちの罪は、教会それ自体の務めによって絶えず赦される」（Institutes, IV. 1. 22）と主張し、受洗後の罪が公的にも私的にも赦されることを肯定した。

（『挑戦的宗教論集』pp.　158-61　参照）

実存的観点から見た罪の赦し

　キリスト教諸教派の「赦罪宣言」（Absolutio）の伝統は、実存的観点から見る時、特に有意義なものとなる。その赦しはいつ、どこで、どのように赦されるのかを実感、実証することができるからである。さらに、この赦罪宣言がそれに先立つ罪の告白によって、赦される罪が特定されることは、とりわけ重要である。この関連で思い起こすのは、ボンヘッファーの名言である。

> 安価な恩寵とは、悔い改めを欠く赦しの説教であり、教会の規律を欠く洗礼であり、悔い改めを欠く聖餐であり、個人的な悔い改めを欠く赦罪宣言である（Dietrich Bonhoeffer, *Nachfolge*, 1937, 2016）。

　「赦罪宣言」による赦しとは対照的に、十字架による罪の赦しは、実存的観点から見て──現実的存在の意識に照らして──非存在である。十字架による罪の赦しは、いつ、どこで、どのように赦されたのかを客観的に立証することができないからである。その赦しは、赦されたと意識する人びとの内部で起こる心理的事象であり、彼らの信仰心／信心として観念的に内在するに過ぎない。

　注

　赦罪宣言とは、「私は父と子と聖霊の名によってあなたの罪を赦します」を指す。

　キリスト教の 2000 年に亘る歴史は、歴代のキリスト者たちが洗礼による罪の赦しを固く信じ、受洗後も常に罪びとであることを自覚し、神の憐れみを求め続けてきたことを示している。そして、罪の赦しは、赦罪宣言（Absolution）によって行われてきたことを示している。このことは、十字架による罪の赦しが、キリスト信者たちの受洗後の罪の赦しとして全く機能していないことを裏書している。

　赦罪宣言は今日、カトリック教会、東方正教会、英国教会系諸教会、ルター派諸教会、米国長老教会、メソジスト教会などの諸教会で行われている。

（『挑戦的宗教論集』pp. 163-64 参照）

現代の、典礼による受洗後の罪の赦し

キリスト教世界における受洗後の罪の赦しは、特に宗教改革期以後、個人的問題としてばかりでなく、共同体の問題としても扱われてきた。そしてそれは、さまざまな様相を呈し、多様化している。ここでは、それらの代表的な形態を紹介する。

「赦罪宣言」による赦しの、個人的典礼

(1)　カトリックの赦しの秘跡

　司教、あるいは司祭は、信者の罪の告白を聴いてから、次の言葉（赦罪宣言の式文）によって罪の赦しを与える。

　憐れみ深い父なる神は、御子の死と復活を通して世をご自身と和解させ、罪の赦しのために私たちに聖霊を注がれました。教会の奉仕の務めを通して神が、あなたに赦しと平和を与えて下さいますように。私は父と子と聖霊の名によって、あなたの罪の赦しを宣言します。

（*Catechism of the Catholic Church*, Second Edition）。

(2)　米国聖公会の改悛者の和解

　司祭は罪を告白した改悛者に対し、助言と指示と慰めを与えてから、次の赦罪宣言を行う。

　真に悔い改め、キリストを信ずるすべての罪びとを赦すために、教会に力を与えられた私たちの主イエス・キリストは、その大いなる憐れみによって、あなたのすべての罪を赦します。また私に委ねられたキリストの権能によって、私はあなたのすべての罪が赦されることを宣言します、父と子と聖霊の名によって。**アーメン。**

（*The Book of Common Prayer Acorcing to the Use of The Episcopal Church*, 1979）。

「赦罪宣言」による赦しの、共同体の典礼

(1) 米国長老教会の赦しの宣言

　米国長老教会における典礼による赦しの宣言は、カルヴァンの『祈りの形式』(Strassburg, 1545) から強い影響を受けたもので、「罪の告白」「キリエ・エレイソン」に続いて、牧師は神の赦しの恵みを次のように宣言する。

　　主の憐れみは永遠から永遠に及びます。

　　イエス・キリストの名において、

　　私はあなた方の罪が赦されることをあなた方に宣言します。

　　あなた方のすべての罪を赦される憐れみの神が、

　　すべての善なるものをもってあなた方を強め、

　　聖霊の力によって

　　あなた方を永遠に守られますように。

　　アーメン。

　この後、会衆は「平和の挨拶」を相互に交わして赦しを祝う。

　　　　("The Service for the Lord's Day" in *Book of Common Worship*, for
　　　　the Presbyterian Church (U,S,A,) and the Cumberland Presbyterian
　　　　Church, 1993)

(2) ルター派の公的な赦罪宣言

　会衆が、牧師の告げる赦しが牧師の赦しでなく、神の赦しであることを誓約した後に、牧師は次の言葉によって、改悛者すべてを赦免する。

　　私の主イエス・キリストに代わって、また彼の命によって、私は父と子と聖霊の名において、あなた方すべての罪を赦します。

　　アーメン。

　　　　("Corporate Confession and Absolution" in *Lutheran Service Book*,
　　　　2006)

　　　　　　　　　　　　　　　　　（『挑戦的宗教論集』pp. 164-68 参照）

第IX編

キリストの死による罪の償いの知

キリストの死による罪の償いの真実

　日本のプロテスタント教会の中には、キリストの十字架による罪の赦しを強調する牧師がおり、それに追随する信者たちがいる。しかし、私は彼らに挑戦し、こう主張する。

　　贖い主キリストを論証する完全な論考は聖書のどこにも存在しない。

　　　キリストの死による罪の償いは、聖書において多様に解釈されたために、キリスト教会は何れの教派も、古代から今日に至るまで、それを教義として公的に定義することなく、個々の教会と信者たちに委ねてきた。

　　　それを確証するために、キリストの死による罪の償い、とりわけキリストの十字架による罪の赦しは、何れのキリスト教の教義にも含まれていない。念のため、ニカイア・コンスタンティノポリス信条、カルケドン信条、アタナシオス信条、使徒信条、アウクスブルク信仰告白、ハイデルベルク教理問答、ウエストミンスター信仰告白などの主要信条を参照されたい。

　要するに、キリストの死による罪の償いは、伝統的キリスト教の〔共同体の〕信仰（faith）ではなく、それを信じる個々の教会と信者たちの信仰心（belief）の所産である。換言すると、キリストの死によって私たちの罪が赦されているとの信念は、紛れもなく自己赦罪であり、その在り処は、そう信じている人びとの心の中にのみ存在し、それ以外のどこにもない。

　この問題は次のようなテーマを考察することによって、一層明らかにされる。

　キリストの死に関する新約聖書の多様な解釈

　キリストの死による罪の償いは誰に向けられていたのか？

　キリストの死による罪の償いに関する諸学説

　キリストの死による罪の償いに関する包括的諸論考

（『宗教的小論選集』p. 120　参照）

キリストの死に関する新約聖書の多様な解釈

新約聖書はキリストの死に関して多様な解釈を行っている。ここではまず、十字架上のキリストによって達成された4通りの要件を説明し、次いで、十字架上のキリストの死は神のためだったとする、斬新な見解を紹介する。

(1) 罪びとの代理人としての死

罪びとの代理人としての死は、キリストが罪びとたちの代わりに神の罰を受けた事実を指す。換言すると、「償い」（atonement）とは、「身代わり」（vicarious）である。キリストの代理的性格の死は旧・新約聖書に明記されている（イザヤ53:6, 10、マタイ20:28、ローマ5:8、Ⅱコリ5:21、Ⅰテモ2:6、Ⅰペト2:24、Ⅰペト3:18）。

(2) 罪びとを身請けするための死

罪びとを身請けするための死は、奴隷の身分から解放するための代価の支払いに関わりがある。この表現はキリストの死を、罪びとを残酷な主人から解放するための身代金と見なしている。動詞 *agorazō* および *exagorazō* は、奴隷を奴隷市で購入する意味で用いられている。名詞 *lytron* は、代価そのものを示すために用いられており、その代価は完全な解放を有効にする金額である。動詞 *lytroō* もまた、「代価の支払いによって解放を有効にする」ことを意味している。

(3) 神を宥めるための死

ヨハネの第1の手紙 2:2 で "propitiation" と訳されるギリシア語 *hilasmos* は、「幸せにする、宥める」(to make happy, appease) を意味する。キリストの死は、一つの宥めである。キリストは死によって、神の聖なる要求に基づき、罪に対する神の怒りを鎮めたからである（ローマ1:18、エフェ2:3; 5:6）。"Propitiation" は "satisfaction"（罪の償い、贖罪）とも呼ばれ、同じ概念を指している。アンセルムス（Anselmus）が *Cur Deus Homo?* （Why the God-Man?）において論じた、神人としてのキリストは、罪の償いを与

えることができ、しかもそう望んでいる唯一の方である。ルター派と改革派の伝統は、キリストの死によって償われたのはキリストの名誉よりも神の正義であると教え、アンセルムスの見解を若干修正した。

(4)　罪びとを神と和解させるための死

　キリストの死は和解と見なすことができる。和解は客観的・主観的両方の観点から考えることができる。客観的な意味における和解は、キリストの死が人類の神からの離反に対する土台を取り除き、救いが可能とされることを意味する。主観的な意味における和解は、キリスト信者か神に対する敵意から神との友好と交わりに変えられたこと意味する。

(Alan W. Gomes, "theories of atonement" in ECC　参照)

(5)　神のための死

　キリストの死は神のためだったとする見解は、米国のベツレヘム・バプテスト教会の牧師のパイパー（John Piper）によって表明された。彼はローマ人への手紙 3:25 を根拠に、次のように論じた。

　この聖書箇所は、キリストの死が解決すべき、最も基本的な問題を要約しています。神は、ご自身の義（あるいは正義）を示すためにキリストを（死なせるために遣わして）差し出しました。解決を要する問題は、神がある理由から、不義であるように思われていましたので、ご自身を立証し、御名の汚名をそそぐことでした。

　神はなぜ、ご自身の義を公的に正当化することを必要としたのでしょうか？　答えは、25 節の最後の語句にあります。「なぜなら、ご自身の忍耐において、神はこれまで犯されてきた罪を見逃して来られたからです」
　(John Piper, "Did Christ Die for Us or for God?" in *If I Had Only One Sermon to Preach*, ed. R.A. Bodey, 1994)。

要するに、神は自らの正義を示すためにキリストに死を与えたのである。

(『挑戦的宗教論集』pp. 72-76 &『宗教的小論選集』pp. 121-23　参照)

キリストの死による罪の償いは誰に向けられていたのか？

　キリストの死の償いが向けられた対象に関しては、二つの見解がある。第一の見解は、「限定的償い」（limited atonement）と呼ばれる。神はキリストの死の効果を特定の人びとに限定したからである。第二の見解は、「限定なき償い」（unlimited atonement）として言及される。神はキリストの身請けの死を選んだ人びとに限定せず、人類一般のために意図した、との理解に基づいている。

　「限定的償い」の教義は次の擁護論によって支持されている。
　① 聖書には、キリストの死によって恩恵を受ける人びとに関する記述がある（マタイ 1:21、ヨハネ 10:11, 15、使徒 20:28、ローマ 8:32-35）。
　② 聖書はキリストを拒む者たちは消え去ると教えているので、誰もが救われないことは明らかである。
　③ キリストは選ばれた人びとの罪のために償いをし、堕落した人びとは自分たちの罪を償わなければならない。

　他方、「限定なき償い」の教義は、キリストの死が全人類のために計画されたとの見解から成り立っている。
　① カルヴァンは、マルコ福音書 14:24 の「多くの人のために流された」に関して、「『多くの』という語は全人類を意味している」と注解した。
　② 聖書がキリストはすべての人のために死んだと言う時、その通りであることを意味している。
　③ 聖書は、キリストは世の罪を取り除く救い主である、と言っている。世とは神が嫌悪し、キリストが拒絶し、サタンが支配している所である。

　このように、キリストの死による罪の償いが向けられた対象について、聖書が二様に語っていることは、罪の償いが多様に解釈されたことと共に、キリスト教会の教義として定義するのに不適切だったことを示している。

（『挑戦的宗教論集』pp. 76-77 &『宗教的小論選集』pp. 124-25 参照）

キリストの死による罪の償いに関する諸学説

　新約聖書においてケリュグマのキリストの死がさまざまに解釈されたために、キリスト教の何れの教派も、その取扱いを各個教会と信者たちの信仰心に委ねてきた結果、さまざまな学説が現れた。その主要学説は次の通りである。

(1)　古典的学説（"Christus Victor" or "classic" theory）

　　この償いのモデルは、今日、"Christus Victor"／"classic" theory と呼ばれている。"Christus Victor" とは、スウェーデンの神学者アウレン（Gustaf Aulén）による造語で、「征服者キリスト」を意味する。それは、キリストが十字架上で死ぬことによって、人類を奴隷としていたサタンとその悪魔的軍勢を征服し、捕われていた人類を彼らの手中から解放したからである。

(2)　サタンへの身代金学説（"Ransom to Satan" theory）

　　この学説によれば、キリストの死は、罪を犯した人間を正当に所有していたサタンに支払われた身代金と見なされた。このサタンへの身代金支払いの理論は、ギリシア教会において提示された。オリゲネス（Origen）とニュッサのグレゴリウス（Gregory Nyssa）の著作において、キリストの死は、罪によってサタンの支配下に置かれていた人類を身請けするために、神によってサタンに支払われた身代金と解釈された。

(3)　アンセルムスの贖罪学説（Anselm's Satisfaction theory）／取引学説（Transactional theory）

　　11 世紀のカンタベリー大主教のアンセルムス（Anselmus）は、*Cur Deus Homo?*（なぜ神人なのか？）を書き、サタンに身代金が支払われたという教父たちの見解を厳しく批判した。彼はそこに、神の威厳を汚す罪を見たのである。神に対する侮辱の罪は余りにも大きいので、神のみがその罪を償うことができる、と彼は考えた。またこの侮辱は一人の人間によって為されたので、一人の人間のみが贖罪をもたらすことができると考え、神人が必要である、との結論に達したのである。

(4) 刑罰の代理受刑説（Penal Substitution）

宗教改革者たちは、罪が深刻な問題であることではアンセルムスに同意したが、罪が神の威厳を傷つけるより、神の律法を破るものと見なした。彼らは、罪びとたちが神の呪いの下に置かれているという聖書の教えを深刻に受け止め、キリストの救いの本質はキリストが罪びとの代わりをしたことにあると信じた。キリストは私たちの代わりに死に耐え、また呪いに耐えたと信じたのである（ガラテ 3:13）。

(5) 道徳的感化説（Moral Influence theory）

道徳的感化説は、神の愛を強調した、12 世紀の神学者アベラール（Peter Abelard）に帰せられており、「キリスト模範説」とも呼ばれている。道徳的感化説によれば、キリストの受肉、苦難、および死は、人びとを悔い改めるように導くためにある。この学説の主唱者たちは、罪びとたちのために死にゆく無私のキリストの光景は私たちを悔い改めへと突き動かす、と言う。

(6) 模範的学説（Example theory）

この学説は、近代ユニテリアンの創始者ソッツィーニ（Faustus Socinus）によって打ち立てられた。キリストは自分が教えた信仰心の故に苦しみを受け、殉教者として死んだので、私たちは彼の模範に従って、真理のために苦しみ、彼の説いた救いの道を歩むことができる、と教えた。

(7) 政治的学説（Govermental theory）

この学説は、オランダの法学者、神学者のグロティウス（Hugo Grotius）によって提起された。彼は神を、「罪を犯す魂は死ぬ」という律法を定めた統治者あるいは政治的首長として構想した。この学説によると、神は罪のための償いを求めず、罪びとたちが真に謙虚になり、悔い改めるなら赦す。

(8) 偶然的学説（Accident theory）

この学説では、イエスは当時の宗教的、政治的指導者たちと揉め事を起こし、沈黙させられるために殺されたと見なされている。

（『挑戦的宗教論集』pp. 178-84 &『宗教的小論選集』pp. 125-28 参照）

キリストの死による罪の償いに関する包括的諸論考

　20世紀初頭以降キリストの罪の償いを包括的に論じてきた、カトリック教会、東方正教会、プロテスタント諸教会に属する多くの優れた著者たちは、聖書においてキリストの死が多様に解釈されたために何れの教派も、キリストの死による罪の償いを正統的な見解として策定し得なかったことをそれぞれの立場から論じている。以下、彼らの主張を年代順に引用し、結論を下す。

From ERE, 1908-22.

　私たちが聖書から得られる罪の償いの概念は、首尾一貫した単一の教義的学説ではなく、一連の並行概念であり、多種多様な解釈である。このような事情から、首尾一貫した教義を組み立てようとする企てを放棄する動きさえ生じている。(W. Adams Brown)

　罪の償いの歴史を振り返ってみると、その見解の多様さに驚かされる。その多様さは、如何なる企ても断念させるほどである。(W. Adams Brown)

From Joseph A. Fitzmyer, S.J., S&C, 1986.

　「仲介者(Mediator)であり、贖い主(Redeemer)である主キリスト」に関する完全な論考は、〔聖書の〕どこにも見出されない。新約聖書の著者たちは、正確には牧者として、また教師として、実際には同じキリストを調和のとれた音楽の一部として異なった声で証言している。(Joseph A. Fitzmyer)

From ABD, 1992.

　多くの人は、マルコによる福音書10:45および14:24を根拠に、イエスが第二イザヤの苦難の僕の預言に関連させて、自らの死を罪のための犠牲の観点から予見し、解釈したと主張している。しかし、イザヤ書53章がイエスの念頭にあったとする学説は今日、根本的に疑問視されている(M.D. Hooker, *Jesus and the Servant*, 1959)。マルコによる福音書10:45の身代金(*lytron*)は実際、苦難の僕の死と同義ではない。多くの学者は、マルコ10:45bの身代金の言説を、

直前の 10:45a における仕えることの重要性に対するイースター後の注解と見なしている（ルカ 22:27 と比較）。こうして、マルコ 10:45 の表現をイザヤ書 53 章と直接結び付けることは難しい。（C.M. Tuckett）

十字架の身請けに関する最初の言及「多くの人のための身代金として自分の生命を与えるために来た」（マルコ 10:45 ＝ マタイ 20:28）には、議論が集中している。諸注釈書は、新約聖書の学者たちがこの語句をイエスに帰することに難儀したことを立証している。（Gary S. Shogren）

From EDT, 2001

キリスト教会は何れの教派も、その歴史を通して、償いに関して公的な、正統的見解を策定しなかった。キリストの人格と三位一体の性格については何世紀にも亘って議論が為され、カルケドン信条において決着が付けられた。しかしその中には、償いに相当する表現はなかった。その結果、諸教会と信者たちは自分たちの満足できる理論を求めて探究するようになった。（L.L. Morris）

キリストの宣教の生涯は、身代金を必要としている多くの人の身代金として役立つ自己犠牲の行為で終わったように思われる。この教義はパウロの著作によって大きく発展した。（E.F. Harrison）

From CCG, 2005

人類と神の間を隔てているものが時代と場所によって別々に経験され、理解されてきたという事実は、第一に償いの解釈の多様さを示し、第二に、教会が教義として公的に定義せず、新約聖書時代から今日に至るまでさまざまな直喩と隠喩を通して、それぞれの信仰心を表現することをキリスト者たちに任せてきたことを示している。（Trevor Williams）

From *The Cambridge Companion to Christian Philosophical Theology*, 2010

伝統的キリスト教の償い（atonement）への信仰心は、イエス・キリストの生涯と働きの精神的意義を指している。キリストが世界の罪を償い、堕落した

人類を神と和解させたというのがキリスト教の中心的命題である。しかし、この命題は3つの主要な信条（使徒信条、アタナシオス信条、ニケア信条）には含まれていない。(Gordon Graham)

結論

キリストの死による罪の償い、とりわけキリストの十字架による罪の赦しの教説は、伝統的キリスト教の教義には含まれていない。それは、キリストの死による罪の償いが使徒信条をはじめ、主要な信条（信仰告白、教理問答）において定義されていないことによって明らかである。その理由は、新約聖書においてキリストの死が多様に解釈されたことに帰せられる。実際には、キリストの死は新約聖書において、

① 罪びとの代理人としての死

② 罪びとを身請けするための死

③ 神を宥めるための死

④ 罪びとを神と和解させるための死

⑤ 神のための死

としてさまざまに語られる他、その死は信者のためだったとも人類のためだったとも、両義的に語られている。これらの多様性はキリストの死による罪の償いの教説が教義となり得ないことを実証している。

こうして、キリストの死による罪の償いを信じることは、伝統的キリスト教の共同体の信仰ではなく、個々人の信仰心として理解されるべきものとなっている。そして、この信仰心の在り処は個人的な思想と経験の中にあり、それ以外のどこにもない。しかし、この信仰心は信教の自由の名において尊重されるべきものであり、それ以上のものでもそれ以下のものでもない。

（『挑戦的宗教論集』pp. 184-240 &『宗教的小論選集』pp. 128-31 参照）

第X編　宗教的余話

聖書にまつわる知

マソラテキストについて

BHS について

聖書の章・節区分の起源

ヘブライ語の「レバブ」と「ネフェシュ」について

ギリシア語の「プニューマ」と「カルディア」について

新約聖書の人間観

聖書通読の真価

「御名が聖とされますように」の勧め

邦訳聖書は翻訳聖書と言うより、言い換え聖書

キリスト教にまつわる知

キリスト教は新約聖書から生まれた宗教ではない

神を知るとはどういうことか？

回復すべきキリスト教の視点

〈レクティオ・コンティヌア〉、その起源と意図

教会はキリスト者の舞台

自己愛とは無縁のユダヤ教の隣人愛

人間は神の霊を吹き込まれたのか？

最後の晩餐におけるイエスは苦難の僕を自覚していたのか？

キリストの死による罪の償いは何処にあるのか？

ルター、カルヴァン、ボンヘッファーの名言

マルティン・ルター『基督者の自由』の最後の言葉

ジャン・カルヴァンの礼拝における明快さと霊性

ジャン・カルヴァンはなぜ週一の祈祷日を創始したのか？

カール・ヒルティの聖職者観

ディートリヒ・ボンヘッファーにおける「祈ることと正義を行うこと」

マソラテキストについて

　マソラテキスト（Masoretic Text：ヘブライ語聖書の伝統的本文）は、今日の私たちが知っている旧約聖書のヘブライ語テキストであり、英訳旧約聖書の底本となっているテキストである。「このテキストは、原初テキストとして再構成する企画に携わるテキスト批評家たちにとっての出発点であり、その他すべてのヘブライ語写本（死海の巻物の聖書写本を含む）が比較される際の標準的テキストである」（Randall Price, *Searching for the Original Bible*, 2007, p. 59）。マソラテキストは、6〜11世紀のマソラ学者として知られているユダヤ人書記たちと学者たちによって保存されてきた一群のテキストに由来する。

　驚くべき聖書の歴史は、何世紀にも亘ったテキストの筆写、照合、伝達を含んでいる。筆写法（calligraphy）を見た者や実践した者は皆、テキストを筆写するために必要な配慮と熟練を高く評価する。そして、聖書テキストを保存し、複製する世界を評価する。例えば、紀元前100年〜紀元後400年までの間に聖書テキストを写し、それを注解したユダヤ人書記たちは、テキストの語を筆写し、表記する詳細な規則を発展させた。彼らはテキストを筆写するのに必要な過程を標準化しただけでなく、テキストに関する多くの情報を提供した。

　6世紀までに、ヘブライ語テキストとその入念な注解は、マソラ学者として知られる書記たちの新しい世代に受け継がれた。書記たちは、旧約聖書のテキストとそれらが書かれた巻物を慎重に保持するための詳細な規約と手順（protocols and procedures）を継承した。彼らはこれらの慣行を維持し、聖書テキストと巻物に関する入念な覚書を作成した。そこには、聖書テキストで用いられる文字に関する綿密な約束事が含まれていた。

　ヘブライ語のアルファベットには母音がなく、そのすべてが子音だった。そこでマソラ学者たちは、母音を表す「点」とアクセント記号をテキストに付け加えた。これはテキストに精通していない人びとにとって読みやすく、また語に関連する混乱を取り除いた。例えば、"rdstp" は "red step" なのか "road stop" なのか？　これは通常文脈から明らかだが、時々混乱が生じた。母音を表す「点」がこの種の混乱を解決した。マソラ学者たちはまた、正しい発音を

促進するために、テキストにアクセント記号を付け加えた。

　また、マソラには巻物と冊子体写本（codex）に余白が付加され、利用された。マソラはテキストに関する注解書でもある。注解はヘブライ語テキストの正確さを保持するために、代替的な読み方や難しい文法形態の説明を含んでいた。書記たちはテキストを高く評価していたので、それを安易に変更することを好まず、テキストに関する問題を明確にするために、余白に注解と記号を付加する方式を採用した。

　マソラテキストの作成に関わった書記たちには学派があり、東方（バビロニア）学派と西方（パレスチナ）学派の二つが存在した。西方学派には、さらに二つの支流学派があった。925年頃、最初の完全なヘブライ語聖書は西方学派の一つを代表する Aaron ben Asher （960年頃没）と名乗るユダヤ人書記によって制作された。この最重要なテキストは、シリアのアレッポ冊子体写本（Aleppo Codex）として知られている。この作品は何世紀もの間、アレッポのユダヤ人共同体で保持された。アレッポ写本は現在、エルサレムのヘブライ大学に保存されている。

　マソラの伝統に基づく重要写本として次の七つの冊子体写本が現存する。

　　Codex Cairensis (A.D. 895)

　　Aleppo Codex (ca. A.D. 930)

　　Oriental 4445 (ca. A.D. 950 & ca. 1540)

　　Codex Leningradensis (ca. A.D. 1008)

　　Petersburg Codex of the Prophets (A.D. 916)

　　Codex Reuchlinianus of the Prophets (A.D. 1105)

　　Erfurtensis Codex (A.D. 1000-1300)

　　（"What is the Masoretic Text?" in *Answers to Common Questions about The Bible*, by H. Wayne House & Timothy J. Demy, 2013 参照）

　　　　　　　　　　　　　　　　　　　　（2020年5月 執筆）

BHS について

最近のヘブライ語聖書

　「ヘブライ語マソラテキストの最新版は、Karl Elliger と Willhelm Rudolph の編集の下で、国際的な学者たちから成る委員会によって 1977 年に完成された Biblia Hebraica Stuttgartensia（BHS）である。この作品は、「原典版」（a diplomatic edition）と呼ばれている。一つのヘブライ語写本（Codex Leningradensis, 1008-9）に基づいているからである。

　　　　（"Recent Hebrew Bible" in Paul D. Wegner, *The Journey from Texts to Translations*, 1999 参照）

　Karl Elliger と Willhelm Rudolph の両名は 1983 BHS の序言において、「ヘブライ語聖書版の基礎としてレニングラード・コーデックス B19^A（L）を用いたことを擁護する必要はない。……何れにしても、L は今なお、完全なヘブライ語の最古の写本である」と述べている。

　　　　（"Foreword" in *Biblia Hebraica Stuttgartensia*, ediderunt K. Elligar et W. Rudolph, 1967/77, 1983 参照）

旧約聖書のテキスト批評

　20 世紀にはテキスト批評に役立つヘブライ語資料が著しく増加した。直近 60 年間に多くの資料が発見された（例えば、死海の巻物、マサダ写本、銀のお守り）。このことは、旧約聖書のテキスト批評が原初テキストに関する難しい問題を解決するのにこれまで以上に有益になったことを意味する。これらの写本は、旧約聖書のテキストの発展に３段階あったことを示した。

　　① 書記たちが思うがままに説明を加え推敲した、流動的な原初テキスト
　　② テキストを理解するために重要でない付加や修正を行った固定的テキスト（発音と理解を助長するために母音を創始する前に、語の子音がテキストに付加された）
　　③）異なった読み方が削除され、相対的に安定したテキスト

私たちは、聖書の著者たちの如何なる自筆原稿も所有していないが、このことは聖書テキストの正確さを決定する方法が全くないことを意味するものではない。発見された多くの聖書資料は、テキストの最も正確な読み方を決定するために比較され、評価される。これは、旧約聖書のテキスト批評の主要な目標である。それは、「聖書テキストの最も信頼し得る語法／言い方を決定するための科学と技術」（P.K. McCarter）と定義される。それが科学であるのは、特定の規則が筆写する人びとの間違いや読み方のさまざまな類型的評価を支配するからである。それがまた技術であるのは、これらの規則があらゆる状況において厳正に適用することができないからである。直観と常識が最も妥当な読み方を決定する過程において批評家を導かなければならない。テキストに関する学識に基づく判断は、筆写する人びとの間違い、写本、バージョン、それらの著者たちの類型に精通している程度に依存している。

　旧約聖書のテキスト批評の重要性は三重である。第一の最も重要なことは、テキストの最も信頼し得る読み方を確定するように努めることである。

　第二に、決定的な読み方を決定することが不可能な事例において、独断的な態度を避けることである。

　第三に、さまざまな聖書翻訳に現れる余白の読み方の意義を良く理解することである。かくして旧約聖書のテキスト批評の研究は、テキストの信頼性において一層確かな確信に導くことである。

　バンクーバーの Regent College の元旧約聖書教授 Bruce Waltke は、BHS には10語当たり一つのテキスト注が現れるので、テキストの90％には重要な、異なった読み方は存在しない、と指摘している。またエルサレムのヘブライ大学教授の Shemaryahu Talmon は、「バージョン間の間違いやテキストの相違は、相対的に僅かな事例においてのみ、実質的に、本質的なメッセージに影響を与えている」と主張している。したがって、旧約聖書のテキスト批評は、主として相対的に重要でない事柄についての食い違いに関わっている。

（"Old Testament Textual Criticism" in Paul D. Wegner, *The Journey from Texts to Translations*, 1999, pp. 177-78 参照）

（2020年5月　執筆）

聖書の章・節区分の起源

ヘブライ語聖書の章・節区分

ヘブライ語聖書の節区分

　ヘブライ語聖書の節区分は、約 2 世紀に遡り、10 世紀に最終的に決定した。すなわち、ベン・アシェル（Ben Asher）は、モーセ五書の、バビロニア〔タルムード〕に基づく 5,888 区分、パレスティナ〔タルムード〕に基づく 15,842 区分を改め、5,845 節に分けた。500 年頃から二つの点〔から成る終止符〕の挿入によって区分が為された。

　節区分の決定基準の起源は明確でない。一方には、詩の一行の長さが一節だったと考える説があり、他方には、会堂でアラム語に翻訳する際に一度に音読できる分量が一節だったと考える説がある。

ヘブライ語聖書の章区分

　初期のヘブライ語聖書の写本には、今日知られているような章区分はなく、多少は巻物から冊子体写本への変更に伴ってもたらされたキリスト教の慣行に倣って、1330 年頃に初めて採用された。

新約聖書の章・節区分

新約聖書の章区分

　最初期のギリシア語新約聖書のテキストには、聖書箇所を特定するために役立つ、何の区分も記号もなかった。しかし、テキストが正典として収集された時、各書（作品）とその構成部分を相互に識別する必要が生じた。構成部分を決定する第一の手段は、書記たちによって挿入された記号だった。

　例えば、コーデックス・ヴァティカヌス（4 世紀）には、マタイに 170, マルコに 62, ルカに 152, ヨハネに 50 の区分が設けられていた。さまざまな写本には、さまざまな異なった区分が施されていたのである。10 世紀後半を生きたカッパドキアのカイザリア大司教アンドリューは、黙示録 4:4 が 24 人の長老に

言及していることから、黙示録を 24 の部分に区分し、さらに、各長老が体と魂と霊を持っていたので、24 の部分をさらに 72 に区分けした。4 世紀のエウセビウスは、多くの後続の写本に見出される、並行箇所を特定する助けとなる表記体系を考案した。

カンタベリー大司教ラングトン（Stephen Langton, 1150-1228）はラテン語ウルガタ聖書の写しに章区分を付与した。この章区分はその後、多くの英訳聖書の章区分として採用され、今日に至っている。

新約聖書の節区分

新約聖書における節区分は、フランスの印刷業者ステファヌス（Robert Stephanus, 1503-59）が 1551 年に出版したギリシア語新約聖書において初めて採用された。彼は節区分を、パリからリヨン〔フランス中東部〕への旅行中に行ったと言われている。幾つかの節区分に見られる外見的な自由裁量は、ステファヌスの愉快なエピソードと結び付いている。

> ステファヌスの息子によると、彼の父はパリからリヨンへの旅行中 inter equitandum 〔騎馬している間に〕節区分を設けた。何人かはこれを "on horseback" を意味すると理解した。（そして、不適切な節区分は馬が彼のペンを間違った場所に打ち当てたのが始まりだと説明した。）この推理は至極自然で、仕事は道沿いの宿で休息している間に完成されたという証拠によって最高に支持されている（Bruce Metzger, *Manuscript of the Greek Bible*, p.41, n.106.／Quoted by Paul D. Wager, *The Journey from Texts to Translations*, p. 214.）。

最初に節区分を行った英訳聖書は、Whittingham's New Testament, 1557 で、余白に A, B, C...表記をすることによって節区分を行った。The Geneva Bible, 1560 以降、番号を付し、各節毎に改行する方法が採用された。この方法は、後に、散文部分を "paragraph" に、詩的部分 "parallel lines" に組んだ F.H.A. Scrivener 編集の *The Cambridge Paragraph Bible*, 1873 が現れるまで、唯一の節区分方法として存続した。

（『挑戦的宗教論集』pp. 30-31 参照）

ヘブライ語の「レバブ」と「ネフェシュ」について

ヘブライ語の לבב について

　ヘブライ語の לב （レブ）は、heart（心）、mind（知性、精神）、midst（真ん中）を意味する。「レブ」とその類義語の לבב （レバブ）は、ヘブライ語聖書に 860 回現れる。律法書、預言書、詩編では、しばしば「心」として扱われる。語根は、アッカド語、アッシリア語、エジプト語、ウガリト語、アラム語、アラビア語、そして聖書以後のヘブライ語にも現れる。アラム語の同義語はダニエル書に 7 回現れる。

　「レバブ」は、申命記 30:14 におけるように、外なる人と対照的な内なる人に対して用いられる。——「しかし、言葉はあなたのごく近くにあり、あなたの口にあり、あなたの心にあって、あなたはそれを行うことができる」（ヨエル 2:12 参照）。「人は外観を見るが、主は心を見る」（サム上 16:7）。

　「レバブ」は、歴代下 15:12 におけるように、強調するために「魂」と結合する。——「さらに彼らは、心を尽くし、魂を尽くして、彼らの父祖の神、主を求めて契約を結んだ」（歴代下 15:15 参照）。

　ヘブライ語の「ネフェシュ」（魂、生命、自己）は、KJV において 15 回 heart（心）と訳されている。そのいずれの場合においても、「内なる人」を意味している。——「……と言っても、その心はあなたと共にない」（箴言 23:7）。

ヘブライ語の נפש について

　ヘブライ語の「ネフェシュ」は、soul（魂）、self（自己）、life（生命）、person（人）、heart（心）を意味する。この語は、古代および現代のセム語系言語に見られる、非常にありふれた語の一つである。「ネフェシュ」はヘブライ語聖書に 780 回以上現れ、すべての時代に広く分布しており、特に詩的な記述に多用されている。

　その基本的な意味は、まれに現れる動詞形「ナハシュ」に関連していることは明らかである。名詞形は、生命の本質、息をする行為、一息つくことに関連している。しかし、その基本的な観念から数多くの抽象的な意味が生まれた。

創世記 1:20 に最初に現れる名詞は、「生命を持つ動く動物」であり、次に現れる 2;7 では「生ける魂」となっている。

しかし、400 回以上に及ぶ後出においては、この語は soul（魂）と訳されている。この訳は多くの場合、意味をなすのに役立っているが、不幸なことに誤訳である。この語にまつわる真の難しさは、首尾一貫した同義語を見つける上で、数少ない高頻度の同義語を見つける場合でさえ、ほとんどすべての英訳が無力なことである。KJV のみでも、この一つのヘブライ語に対して 28 以上の異なった英語を付与している。soul という英語に関わる問題は、この語の同義語あるいはその背後にある観念も、ヘブライ語では表現されていないということである。

ヘブライ語の思想体系には、body（身体）と soul（魂）という、二つの語の合成も分離も含まれていない。それらは——人間は「身体」と「魂」から成るという思想も、死ぬと「身体」と「魂」が分離するという思想も——ギリシア語とラテン語に起源を持つものである。ヘブライ語では、ギリシア語とラテン語の伝統には見出せない二つの異なった概念を対照させている。すなわち、「内なる自己」と「外観」である。換言すると、異なった状況の下で観察されるように、「自分自身にとってあるもの」と「自分を観察する人びとから見てあるように見えるもの」とを対立させているのである。「内なる人」は「ネフェシュ」であり、他方の「外なる人」、すなわち世評は、通常、名前と訳される「シェム」である。ヘブライ語聖書における物語や歴史的記述では、「ネフェシュ」はレビ記 17:11 におけるように、「生命」あるいは「自己」と訳すことができる。——「なぜなら、肉の生命は血の中にあるからである。そして私は、（あなた自身を）贖うために祭壇の上でそれをあなたに与えた……」。言うまでもないが、かかる文脈において、「魂」と読むことは意味がない。

この語が現れる数多くの並行する詩的記述における状況は、一層難解である。ギリシア語 70 人訳およびラテン語ウルガタ訳は共に、特に詩編において、soul と同義のギリシア語あるいはラテン語を用いている。

（*Nelson's Expository Dictionary of the Old Testament*, 1980 参照）

（2020 年 4 月 執筆）

ギリシア語の「プニューマ」と「カルディア」について

　pneuma　（霊）と　*kardia*　（心）は新訳聖書において明確に区別されている。以下に両語の用例を示す。なお、ギリシア語は NA28 の英字訳で表記する。

pneuma の用例

　新訳聖書の幾つかの箇所において、*pneuma* は「風」を意味している。主イエスはニコデモに言った、*to pneuma hopou thelei pnei kai tēn phōnēn autou akoueis,*（風は吹きたいところに吹き、あなたはその音を聞きます）（ヨハネ 3:8）。

　しかしこの語は、しばしば人間の「霊」を指す。山上の説教において主は、*Makarioi hoi ptōchoi tō pneumati,*（霊において貧しい者たちは幸いです）（マタイ 5:3）と言った。

　ステファノは石で打たれた時、*kurie Iēsou, dexai to pneuma mou.*（主イエスよ、私の霊を受け入れてください」（使徒 7:59）と祈った。

　パウロは同一の文脈において、神の霊と人間の霊の両方を指す語として用いた。*auto to pneuma summarturei tō pneumati hēmōn*（霊ご自身が私たちの霊と共に証明します」（ローマ 8:16）。

　ヘブライ人への手紙の書き手が *diiknoumenos achri merismou psuchēs kai pneumatos,*（魂と霊の分かれ目まで刺し通します）（ヘブラ 4:12）と言った時、人間の内的生活を表す語群 *kardia, nous, pneuma, psuchē* のうちの二つを用いた。

kardia の用例

　山上の説教において主イエスは、*makarioi hoi katharoi tē kardia, hoti autoi ton theon opsontai.*（心の清い者たちは幸いです。なぜなら、彼らは神を見るからです）（マタイ 5:8）と言った。

　ヨハネは、不信心なユダヤ人たちに関するイザヤ 6:10 を引用して、*epōrōsen autōn tēn kardian, hina mē idōsin tois ophthalmois kai noēsōsin tē kardia*〔神は〕彼らが目で見、心で理解できないように、彼らの心を頑なにされました）（ヨハネ 12:40）と言った。

パウロは神に逆らう人間の反抗心の結果について、*Dio paredōken autous ho theos en tais epithumiais tōn kardiōn autōn*（そこで神は、彼らの心の欲望のままに彼らを捨て置かれました」（ローマ 1:24）と言った。

パウロはコリント人たちに、*proeirēka gar hoti en tais kardiais hēmōn este eis to sunapothanein kai suzēn.*（なぜなら、私が以前に言ったように、あなた方は共に死に、共に生きるために私たちの心の中にいるからです」（Ⅱコリ 7:3）と保証した。

要約

kardia, nous, pneuma, psuchē は、何れも人間の内的生活と共に、他の事柄をも意味する。

「カルディア」（*kardia*）という語は「心」を意味し、身体的器官か、人間の個人的生活の中心、道徳的選択の源泉、知性、情緒、および感情の何れかを意味する。

「ヌース」（*nous*）は「精神」を意味し、考え、道徳的判断を下す能力を表す。

「プニューマ」（*pneuma*）は「息」あるいは「霊」を意味する。すなわち、意図し、考え、感じる自意識的原理を意味する。

「プシュケー」（*psuchē*）は、「生命」あるいは「魂」を意味する。それは動物の生命を指すこともあるが、個人的自我の座、「自己」、あるいは「魂」を指すこともある。

こうして、これらの語は、身体的な性質と対照的な、人間の全精神的な性質を示す。

(Stewart Custer, "Soul" in *A Treasury of New Testament Synonyms*, 1975 参照)

（『革新的聖書論考』pp. 46-47 参照）

新約聖書の人間観

　現代、キリスト教的人間観を語る際に、創世記の神話から始めることは稀である。一般的には、テサロニケの人びとへの第1の手紙 5:23 に基づいて、「霊」(*pneuma*) と「魂」(*psychē*) と「身体」(*sōma*) の三分法によって聖書的人間観が論じられる。英語圏において最も広く読まれている福音主義的注解書 EBC-RE は、テサロニケの人びとへの第1の手紙 5:23 の注解において、次のように聖書的人間観を展開している。

　　テサロニケの人びとへの第1の手紙 5:23b の三分法 (trichotomous) の理解は、他の解釈が聖書解釈学的ならざる議論を導入しなければ対抗できないところから、かなり受け入れられてきた。物質的な部分（身体）と非物質的な諸部分（霊と魂）の間の相違は明らかである。*psychikos*（自然的）と *pneumatikos*（霊的、Ⅰコリ 2:14-15; 15:44）の間の、パウロによる明白な区別、彼の *pneuma*（霊）と *egō*（私）あるいは *nous*（精神）との区別、*psychē*（魂、ローマ 7:17-23、Ⅰコリ 14:14）の諸部分の区別、および他の作者の *pneuma* と *psychē*（ヘブラ 4:12、ヤコブ 3:15、ユダ 19）の識別は、二つの非物質的な部分間の単なる機能的相違でなく、本質的な相違として慎重に論じられている（Hiebert, 252 & Lightfoot, 88 と比較せよ）。

　　霊 (*pneuma*) は人間に神を知覚させることを可能にする部分である。この構成要素を通して、人間は神を知り、神と交わることができる。この高度な要素は、アダムの堕落によって損なわれたが、神の意識を個々人に与えるために必要な部分は無傷である。

　　魂 (*psychē*) は、人間の意志と情緒の領域である。ここに人格統一体の真の中心がある。魂は肉体を通して自然的世界と関係し、霊を通して神と関係する自意識を人に与えるものである（EBC-RE, Volume 12, pp. 436-437）。

（『宗教的小論選集』p. 137 参照）

聖書通読の真価

　聖書を知るには、それを通読するに限る、という主張は古くから根強い。マルティン・ルターはその代表的な主張者であった。

　　ルターは 1533 年に、「私は何年間も、毎年聖書を二度通読してきた。もし聖書が大きな力強い木で、そのすべての言葉が小枝であるなら、私はそのすべての小枝を叩いて、そこに何があり、それが何を実らせようとしているのかを知ろうとする」（Ewald M. Plass, *What Luther Says*, p. 83）と書いた。オバーマン（Heiko A. Oberman）は、ルターは少なくとも 10 年間その習慣を守った、と言っている。聖書は、ルターにとって、すべての教父たちや注解者たち以上のものを意味していた。

　　若かった頃、私は聖書を何度も何度も繰り返し読み、それに完全に精通していたので、どのような機会にも、言及されている聖書箇所を突き止めることができた。その頃、さまざまな注解書を読んだが、直ぐに放棄した。なぜなら、そこに書かれている多くの事柄が聖なるテキストに反していて、私の良心を納得させなかったからである。聖書は常に、他人の目をもって見るよりも、自分自身の目で見る方が役に立った.

　　　　　　　（John Piper, *The Legacy of Sovereign Joy*, 2000, pp. 93-94）

　敬虔なキリスト者として知られるスイスの法学者カール・ヒルティも聖書の通読を勧めた一人で、その代表的な著作の『眠れない夜のために』（第 2 巻）の中で次のように書き記している。

　　聖書を知るには、時々その全部を繰り返し通読することが有益である……。聖書の中で何が神の霊であり、何が人間の見解や後代に付け加えられたものであるかは、あなたがこの聖なる著作を誠実に読み始めるならば、間もなく自ずから気付くであろう（Carl Hilty, "5. März" in *Für schlaflose Nächte*, Zweiter Teil, Leipzig, 1919, p. 47）。

　　　　　　　　　　　　　　　　　　　（『挑戦的宗教論集』pp. 28-29 参照）

　さて、聖書通読の真価は何処にあるのか？　それは神の言葉——キリストに関する言葉——を第一義的に聞くところにある。神の言葉を第一義的に聞く方法は、通読以外にない。聖書通読において私たちは、聖書に一方的に語らせ、それを一方的に聞くことになるからである。

　カール・バルトは、聖書引用の習慣を最小化することを祈り求めている。

　　願わくは、私たちが聖書と共に生き、聖書に語らせる代わりに、聖書を引用する私たちの習慣を少しばかり控えることができますように（Karl Barth, *Prayer*, 50th Anniversary Edition, 2002, p. 34）。

　聖書研究において聖書を引用することは不可欠なのに、なぜ控えなければならないのか？　それは聖書中心的／神中心的でなく、自己中心的で、聖書に語らせることから逸脱しがちだからであろう。

　米国の聖書学者の W.D. マウンスは聖書研究においてさえ、私たちは聖書の語り手ではなく、聞き手に徹しなければならない、と主張している。

　　聖書研究とは、あなたの個人的な神学を聖書のどこかの箇所に読み込むことではない。聖書研究とは、キリストをして私たちに語らせることである。私たちは聴衆であって、語り手ではない（W.D. Mounce, *Greek for the Rest of Us*, 2003, p. 239）。

　聖書によっては、「危機に直面した時」「災難がふりかかろうとする時」「病気の時」「愛する者が亡くなった時」「罪を犯した時」などに読むべき聖書箇所を、付録として記載している。この類の聖書引用は、教会でも頻繁に行われている。しかしこの類の聖書引用は、多くの場合、聖書の文脈を無視した拾い読みに過ぎないので、聖書の正しい読み方とはなっていない。

　聖書は聖書の考え方／神の考え方に基づいて理解すべきものであり、それを容易に可能にするのが聖書通読であるように思われる。聖書通読が古今を通じて推奨されているのはこのためであろう。

（2020.10.25 補筆）

「御名が聖とされますように」の勧め

　「御名が聖とされますように」という語句は、マタイによる福音書の主の祈り冒頭の「天にいます私たちの父よ」に続いて現れる。ギリシア語新約聖書には、次のように記されている。

ἁγιασθητω το ονομα σου· (Matt 6:9b in NA28)

　この語句のギリシア語動詞 ἁγιαζω は BDAG において、"to treat as holy, reverence (of persons)" と説明されている。したがって、この語句は「あなたの名が聖とされますように」という意味になる。他方、BDAG の編集に携わった F.W. Danker の編集に成る *The Concise Greek-English Lexicon of the New Testament* によると、 ἁγιαζω は "of God's name **revere** Mt 6:9; Lk 11:2" と説明されている。するとこの語句は、「あなたの名が崇められますように」という意味になる。こうして ἁγιασθητω に関しては、「聖とされますように」と「崇められますように」の、二通りの解釈が成立する。

　英語圏では、ἁγιαζω を、伝統的に "hallow" の意味に解し、 "hallowed be thy/your name" のように訳されてきた（ESV, KJV, NAB, NASB, NIV）。他方、ἁγιαζω を "hold/keep holy" の意味の解し、 "may your name be held/kept holy" のように訳す英訳聖書がある（ALT, CJB, GW, HCSB, NJB, NLT）。この関連では、ESV が "hallowed be your name" と訳し、脚注において、 "Or Let your name be kept holy, or Let your name be treated with reverence." と記していることは、この語句の意味するところを完全に説明している。

　ここで、 ἁγιαζω を "hallow" の意味に解するのが古風で、現代は "hold/keep holy" の意味に解するのが一般的だと見なすエピソードを紹介する——ESV の翻訳に参加した米国の聖書学者 W.D. マウンスは、"Hallowed be thy name" の英訳に関連して、「私たちはこれを 'hallowed' と訳すことはできません。今日、ほとんどの人が 'hallowed' の意味するところを理解していないからです」と指摘した。すると、大多数の人が「これは非常によく知られている表現なので、今更変えることはできません」と答えたと言う（W.D. Mounce,

Greek for the Rest of Us, p. 38）。聖書翻訳の世界では、時にはこのように、読者と共にあることが尊重されるのかも知れない。

　邦訳聖書では、「御名／み名が聖とされますように」（カトリック訳、聖書協会共同訳）と「御名／あなたの名が聖なるものとされますように」（新改訳 2017、岩波版）の二通りの翻訳が存在する。後者は適切な翻訳とは言い難い。「もの」に該当する語は原文のギリシア語新約聖書に存在しないし、御名を「もの」扱いすることは不適切だからである。

　現代日本のカトリック教会と日本聖公会が共用の「主の祈り」において、この語句を「み名が聖とされますように」と、聖書を忠実に訳し、適切に制定していることは注目に値する。

　「主の祈りの最初の三つの祈願は主の栄光を扱い、神の大義に関心を持ち、神の大義のために祈ることを命じている」（Karl Barth, *Prayer*, 2002, p. 26）ことを信じるなら、二つ目の祈願も神中心的に、「御名が聖とされますように」と理解することが好ましい。ここにおいて、プロテスタント教会の「主の祈り」の「願わくはみ名を崇めさせたまえ」という表現が人間中心的であることに気付かれるであろう。神中心的であろうとするなら、「御名があがめられますように」（聖書協会・口語訳）と訳さなければならない。

　さて、私がここで改めて「御名が聖とされますように」を勧める所以は、多くのキリスト者が各種文書の冒頭でよく用いている慣用的表現の「主の御名／聖名を讃美いたします」も人間中心的発想だから、神中心的発想に変える方が好ましいのではないか、と考えたからである。

　私は個人的に、祈りでも、書簡冒頭でも、世俗的考え方（secular mind-set）をせず、聖書的考え方（biblical mind-set）／神中心的考え方（God's mind-set）から、「神の御名が聖とされますように」という表現を愛用している。

（2018 年 8 月執筆。2020 年 4 月補筆）

邦訳聖書は翻訳聖書と言うより、言い換え聖書

邦訳聖書は、英語圏の翻訳哲学から評価すると、言い換え聖書に分類される。なぜなら、邦訳聖書は概して、古代の聖書の世界を再現するというより、イエスをめぐるすべての出来事を日本の文化圏の中で、現代に起こったかの如く語っているからである。その語り口は、コイネーでは一つの文体、口語体（話し言葉）で統一されているのに、邦訳聖書では叙述に常体（である体）が用いられ、会話に敬語・敬体（です体）と常体が併用され、日本の現代社会に——人間の上下関係が根強く行きわたっている環境に——適合するように言い換えられている。

邦訳聖書を言い換え聖書と見なすもう一つの理由は、しばしばパラフレーズに分類される *The Message* の翻訳手法に類似しているからである。従来の多くの英訳聖書が現代の読者を聖書テキストの古代世界に連れ戻そうとしているのに対して、*The Message* は聖書テキストを現代の読者にもたらすことを追求している。翻訳者のピーターソンは、「もしパウロが私の教会の牧師だったら、これをどう言うだろうか？」と、あるいは「もしイエスがここで教えていたら、それをどのような音声をもって伝えるだろうか？」と自問することを通して、音調の翻訳（a translation of tone）を実現している。

（『革新的聖書論考』の「あとがき」から）

邦訳聖書が総じて、誤訳あるいは不適切な翻訳を行っていることに関しては、第Ⅲ編の「第6戒『ロー ティルツァフ』の真意」以下5編の論考（本書 pp. 81-104）を参照されたい。そして、内容だけでなく、文体的にも不適切な翻訳を行っていることに関しては、第Ⅲ編の「邦訳聖書における翻訳の多様性」（本書 pp. 105-110）を参照されたい。

（2020年6月 補筆）

キリスト教は新約聖書から生まれた宗教ではない

　聖書中心主義を標榜する人びとに最も欠けているのは、キリスト教は新約聖書から生まれた宗教ではない、という歴史的認識である。キリストを中心にして、まずキリスト信者が生まれ、キリスト教会が形成され、彼らがキリストの言行を記録し始めたのが聖書の始まりである。

　　新約聖書に記録されているように、主イエズス・キリストは復活後、40日経ってから御父のところに昇られました。そしてその後、数十年間にキリスト教徒は徐々に増えてきました。ところがよく考えてみると、この数十年の間には、教会は確かに存在していましたが、新約聖書はまだ書かれていなかったのです……。

　　しかし使徒たちは、キリストのできごとなどを口頭で伝えました。これが後に、「聖伝」、「伝承（traditio）」と名づけられたものです……。

　　新約聖書というものは聖伝と異質のものでなく、聖伝の一部が文章とされたものと理解してもよいでしょう（ホセ・ヨンパルト『カトリックとプロテスタント、どのように違うか』）。

　歴史的観点から見ると、キリスト教は新約聖書から生じたのではなく、むしろ新約聖書が初期キリスト教から生じたのである……。

　　新約聖書は、紀元50〜150年の間にキリスト信者たちによって書かれた27の小冊子から成るアンソロジーである。各小冊子は特定の目的をもって書かれたので、当然のことながら、そのまま受け入れられた。その結果、新約聖書は初期のキリスト信者たちが信じていた事柄を包括的に要約したものではなく、諸教会におけるさまざまな必要に応じて書かれた文章の集まりにすぎない。したがってその中に、死や死後の生に関する、さまざまな観念が入り混じっているのを見出したとしても少しも不思議ではない（L.E. Keck, "Dead and Afterlife in the N.T." in *Death and Afterlife*, ed. Hiroshi Obayashi, 1992 参照）。

新約聖書ではさまざまなテーマが扱われているが、そのすべてに統一的見解が示されているわけではない。非常に重要な主題においてさえ、例えば、信仰観、罪の赦し、キリストの死の解釈に関して、多様な見解が述べられている。新約聖書の成立事情から見て当然の成り行きだったのだろうと、あるいは少なくとも、止むを得なかったのだろうと考えることができる。

　さらに、キリスト教の重要な主題の根拠が聖書の中に見出せない場合さえある。例えば、三位一体の神に言及した記述は新約聖書の中には存在しない。

　聖書から導き出せない、この種の重要なキリスト教の主題は、すべて、世界教会会議（Ecumenial Councils）において協議され、信条として定義することによって解決されてきた。三位一体の神に関しては、アタナシオス信条（5〜6世紀）において定義され、キリスト教の中心的教義として受容され、今日に至っている。

（『挑戦的宗教論集』p. 88-89　参照）

神を知るとはどういうことか？

神を知るとはどういうことか？

　神に関する知識とは、私の理解するところでは、神の存在を知覚するだけでなく、私たちにふさわしいものと、神の栄光にふさわしいものを把握することである。要するに、神を知ることは、私たちにとって有益なのである。実際私たちは、厳密な意味で、宗教も敬虔もないところにおいて神が認識される、と言うことはないであろう。

　ここでは、もしアダムが正しいままで存続していたならば、自然本来の秩序が私たちを導いたであろうと考える、初歩的で単純な知識についてのみ語っている。この人類の破滅の中にあっては、仲保者キリストが私たちを神と和解させるために来られるまでは、誰一人として神を父として、あるいは救いの創始者として、あるいは何らかの意味で好意的な方として経験することはない。それにもかかわらず、神が私たちの創造主としてご自身の力によって私たちを支え、ご自身の摂理によって私たちを支配し、ご自身の慈しみによって私たちを養い、そしてあらゆる種類の祝福をもって私たちの面倒をみてくださっていると感じることは一つの事柄であり、キリストにおいて私たちに差し出されている和解の恵みを受け入れることは、それとは別の事柄である。

　第一に、聖書の一般的な教説通り、主は天地万物の形成においてご自身を単純に創造者として啓示された。次いで、キリストの顔において（Ⅱコリ 4:6 参照）ご自身を贖い主として啓示された。ここにおいて、二重の神の知識（twofold knowledge of God）が生じている（Institutes, I. 2. 1 参照）。

　要するに、神については二通りに語ることができる、ということである。

カルヴァンの神認識

　神の知識は、カルヴァンにとっては、神に対する愛、信頼、恐れ、服従、礼拝を含んでいた。それは、精神と心、感情と意志、崇敬と敬虔な行いを含んでいた。それは、罪びとたちに対する神の無償の恵みに関する福音に基づいており、律法の二枚の板に記されている義務と、神と隣人に対する義務を含んでい

る。神に関する知識が時と共に拡張され、深まるように、神の知識なくしては決して栄えない自己認識もまた深まる。したがって、神を知ると主張することは、人が神に関する何か重要な、一層本質的な諸真理を——そのような諸真理が如何に重大な、根本的なものであろうとも——知っていると、単純に主張する以上のことを主張することだった。……

　人間は生まれながらにして、神が存在するということを知っている。人間は神の存在を立証することを必要としていない。この意味において、無神論は全く不自然な状態である。

　カルヴァンは、聖書をただ単に読むだけで、自然と歴史の中に働く神を再び見ることができるとは考えていなかった。人間理性は贖われる必要があり、人間の意志は神の意志と調和するために回復させられる必要があった。聖書はこの過程において、聖霊の働きによって真実だったものが照らされ、損傷させられたものが回復させられたように本質的な役割を演じた（D.C. Steinmetz, "The Theology of John Calvin" in *The Cambridge Companion to Reformation Theology*, p. 120 & p.122）。

外在的な神に関するルターの弁証

　ルターは 1539 年に、詩編 119 編を注解して、「この詩編において、ダビデは常に、日も夜も絶えず、神の言葉と戒めについてのみ話し、考え、語り、読むであろう、と言っている。神は外在的な言葉を通してのみ、ご自身の霊をあなた方に与えることを望んでいるからである」（*What Luther Says*, p.1359）。「外在的な言葉」とは、聖書のことである。そしてルターは、救い、聖化、神の霊の照明は、この「外在的な言葉」を通して私たちに来る、と言う。ルターがそれを「外在的な言葉」と呼ぶのは、それが客観的で、固定的で、私たち自身の外にあり、それ故に不変であることを強調するためである。それは一冊の本である……。それは神のように「外在的」である（John Piper, *The Legacy of Sovereign Joy*, p. 78）。

　要するに、神は外在的存在なのである。

（2020 年 8 月　執筆）

回復すべきキリスト教の視点

　現代人の思想的観点は、歴史的、科学的に大きな発展を遂げてきたが、本質的にソクラテス以前の思想家たちが抱いていた自然観、世界観と変わっていない。キリスト者たちもその影響を受けて、神は人間が考えたものであるとの立場と戦いあぐねている。すなわち、世俗化傾向の流れに逆らって進む力が不足していることを痛感している。要するに、神学の貧困に苦しんでいるのである。

　しかし、重要なことは、ルターやカルヴァンのような宗教改革者たちが信じていた神が人間の考えた神でなかったことを思い起こすことであろう。

　　ルターによれば、すべてにおいてすべてをなしとげる全能の神は、人間の
　　理解を越えた存在なのである。ここで「隠された神」とは、神の力やわざ
　　が人間の理性ではとらえることができないという意味である（小牧治・泉谷
　　周三郎共著『ルター』p. 127）。

　またカルヴァンは、神が人間精神によって人間のために造り出されたものでないことを強調している。

　　まず第一に、敬虔な精神は、自己満足を旨とする如何なる神をも精神それ
　　自体のために創出せず、唯一の真実な神のみを熟視する。そしてその精神
　　は、自ら喜びとする何ものも神に付与せず、ご自身を啓示されたままの神
　　を心に抱くことで満足する。さらにその精神は、常に最大の注意を払い、
　　道を踏み外して迷わないように、あるいは無謀かつ奔放に神の意志を超え
　　ることのないように配慮する（Institutes, I. 2. 2）。

　したがって、現代キリスト教の務めは、自然的世界観と人間的視点から脱却し、神中心的視点を回復し、蔓延しているその世俗化に敢然と戦いを挑むことであろう。

（『挑戦的宗教論集』pp. 308-09　参照）

〈レクティオ・コンティヌア〉、その起源と意図
——ツヴィングリが創始した説教様式——

御言葉と典礼の時

　ツヴィングリ（Huldrych Zwingli, 1484-1531）にとって最も重要なことは、規則正しい方法で、しかも人びとに理解される言語で、聖書について説教することだった。その他の事柄はほとんどすべて剝ぎ取られた。聖人のための日々は本質的に廃止され、日曜日は礼拝中心の日となった。日々のミサは、日曜日だけでなく週日にも多く行われる頻繁な説教に置き換えられた。そして、古い聖句朗読方式（lectionary system：新約聖書の何れかの書あるいは詩編から引用した章句を読む方式）は〈レクティオ・コンティヌア〉（lectio continua：牧師が聖書の特定の書について連続的に解説する方式）に置き換えられた。

　これは聖書解釈的説教であり、中世における一語あるいは一語句について行う主題中心の説教とは異なるものである。このようにして、聖書の何れの書も除外されることはない。もし十分長く生きれば、教区民は結果的に、講壇から解説される聖書のすべての書を聞くことになる。もちろんこれは理想的な場合で、すべての牧師が聖書のすべての書を解説することはできない。しかし、旧約聖書と、新約聖書の中で無視されがちな多くの書を対象とするようになるので、かなり多くの聖書解説が為されるようになる。パウロ書簡を強調することはすべてのプロテスタントにありがちなことだが、改革派の伝統は旧約聖書に関する説教を正規の礼拝形式に含めている。旧約聖書に関する説教は通常週日の礼拝に行われるが、地域によっては日曜日に行われている（Elsie Anne McKee, "Reformed Worship in the Sixteenth Century" in *Christina Worship in Reformed Churches, Past and Present*, 2003, pp. 11-12 参照）。

コメント

　〈レクティオ・コンティヌア〉は「連続的聖書講解説教」と言い換えることができるが、この説教方式はジャン・カルヴァンによって忠実に継承され、発展した。カルヴァンによれば、聖書は神の言葉であるから、説教者はその言葉

を伝える謙虚な僕となる必要があった。だから彼は、自分自身の見解を聖書テキストの中に持ち込まず、「純粋な言葉」の「純粋な教え」を伝達することに専念した。そのようにして彼は、今日の聖書解釈学が言うところの「聖書の解釈」（exegesis）を実践したのである。

　今日の日本のプロテスタント教会で多く見られる、聖書の特定の書を連続的に語る説教は、形式的には〈レクティオ・コンティヌア〉だが、内容的には、必ずしもツヴィングリが意図した聖書中心の精神は生かされていない。彼らは聖書を語らず、自分の見解や経験を聖書テキストの中に読み込んで、自分の思想を語っている場合が多いからである。このような説教は中世のカトリック教会で行われていた主題中心の、私見に偏りがちな説教と大きく異なるものではない。

　そこで、聖書を語らず自分自身を語る説教者たちに、パウロの次の言葉を呈したい。

　　私たちが宣べ伝えているのは私たち自身ではなく、主なるイエス・キリストです（Ⅱコリ 4:5）。

（2018 年 4 月執筆。2021.4.15 補筆）

教会はキリスト者の舞台

　役者は舞台で芝居を演じる。役者が芝居を演じる際には、自分自身の自然体を犠牲にして、登場人物に成り切るように努力する。登場人物が役者の自然体に近い場合には、役者の当り役になる可能性が大きい。しかし、優れた役者は、自分自身の自然体からかけ離れた役でも、自分自身を殺すことによって、与えられた役を立派に演じることができる。女優の黒木瞳さんが先日（2011.6.29）、司会者のタモリ氏との対話の中で、「自分が勝っている時には、芝居は失敗に終ります」と言ったことは、この辺の事情を語ったものであろう。

　さて、プロテスタント教会の教会堂には説教壇がある。その説教壇で主役を演じるのは誰なのか？　恐らく、誰しもが「主役は説教者である」と答えるであろう。特に説教者は、そう断言して憚らないであろう。

　しかし私は、「説教壇の主役は神（の言葉）であり、説教者はその主役に仕える脇役でしかない」と言いたい。説教者という存在は、マルティン・ルターが言ったように、神の言葉の仲買人でしかない。また、ジャン・カルヴァンが言ったように、説教者は神の言葉を伝える謙虚な僕であるから、自分の意見を述べず、神の言葉を純粋に伝達しなければならない。換言すると、説教者は、説教壇では自然体の「私」を抹殺して神の言葉を語らなければならない。カルヴァンは福音の代わりに自分自身の考えを説教する人びとを嫌悪し、説教壇に自分の理想や空想を持ち込んではならない、と警告した。

　要するに、説教者たる者、正しい信仰をもって立つべき神聖な舞台には、自然体のまま踏み込んではならず、キリスト者として立ち、キリスト者を演じなければならない。そして、世俗的な考え方（secular mind-set）を放棄し、聖書的な考え方（Biblical mind-set）に徹しなければならない。

　ここにおいて、「説教壇の主役は神であり、説教者はその主役に仕える脇役でしかない」と言った理由が分かっていただけるだろうか？

（『宗教的小論選集』pp. 71-73 参照）

自己愛とは無縁のユダヤ教の隣人愛

　隣人愛の戒めに自己愛を含むと、あるいは自己愛を前提にしていると考える
キリスト者は、日本のプロテスタントの中に少なからず存在する。しかし、隣
人愛の戒めから自己愛を排除する見解は、キリスト教の伝統ばかりでなく、ユ
ダヤ教の思想にも見られる。ここに掲げる現代ユダヤ教の隣人愛の思想は、20
世紀ドイツのユダヤ思想家フランツ・ローゼンツヴァイクのものである。

　　フランツ・ローゼンツヴァイクの哲学においては……。人間は神によって
　　創造され愛されている事実を意識するようになって初めて、一個の<u>自己</u>と
　　なる。神の愛は、人間の中に、他の人びとに応答し、自分自身を関わらせ、
　　愛する能力を呼び起こす。神の人間に対する愛は、人間に対する神の戒め、
　　とりわけ自分自身と同じように造られた隣人を愛するようにとの戒めの
　　起源である。
　　　人間は神への愛を自分の隣人への愛に翻訳することによって、この世界
　　を<u>贖い</u>へと導く役割を果たす——「贖い」とは、メシア的贖いと「神の国」
　　に関する伝統的な観念を模範としてローゼンツヴァイクが構成した概念で
　　ある。移ろい行く瞬間が永遠に浸透して行くのは、この世界において愛の
　　行為を実践することによってである。（*Great Jewish Thinkers of the*
　　Twentieth Century, Edited by Simon Noveck, 1985, pp.174-75.）

　ここには、注目すべき二つの重要な事柄が含まれている。すなわち、その一
つは、神の愛から人間の神への愛と隣人への愛が生じていることであり、もう
一つは、神への愛が隣人への愛に翻訳されていることである。その翻訳の際に
神への愛が何の媒介も経ずに——自己愛に陥らずに——直ちに隣人への愛に転
換されていることは、キリスト教的自己愛主義者たちへの又とない警告となっ
ている。

　　　　　（キリスト教の隣人愛の戒めに関しては、本書 pp. 84-88 参照／ユダヤ
　　　　教の隣人愛に関しては、『宗教的小論選集』p. 175 参照）

人間は神の霊を吹き込まれたのか？

　今日のプロテスタント教会には、創世記 2:7 に基づいて、人間は神の霊を吹き込まれて一人の人間となった、と説く牧師がいる。「神が吹き入れられた命の「息」は「霊」をも意味する」からだと言う。果たしてそうなのか？

　ヘブライ語聖書には次のように記されている。

וַיִּיצֶר יְהוָה אֱלֹהִים אֶת־הָאָדָם עָפָר מִן־הָאֲדָמָה וַיִּפַּח בְּאַפָּיו נִשְׁמַת
חַיִּים וַיְהִי הָאָדָם לְנֶפֶשׁ חַיָּה: (Genesis 2:7)

（ヴァイツェル　アドナイ　エロヒーム　エット　ハアダム　アファル　ミン
ハアダマー　ヴァイパハ　ベアパヴ　ニシュマット　ハイーム　ヴァイェヒ
ハアダム　レネフェシュ　ハヤー。）

このヘブライ語は次のように訳すことができる。

　神である主は、大地の塵から人を形作り、その鼻に命の息を吹き込んだので、人は生きる者となった。

　ヘブライ語聖書を理解する上で最も権威のある BDB によれば、創世記 2:7 の נִשְׁמָה（ネシャマー）は、"breath of life"（命の息）を意味する。「ネシャマー」は箴言 20:27 とヨブ記 26:4 において、「人の霊」と理解されているが、「神の霊」と理解される事例は、旧約聖書全体を通して皆無である。

　要するに、創世記 2:7 によれば、人間は神の霊ではなく、神によって命の息を吹き込まれて生きる者となったのである。

　人間は神の霊を吹き込まれて一人の人間となった、と説くような聖書の読み方を、聖書解釈学では、「聖書の自己解釈（eisegesis）」と言う。Eisegesis とは、ギリシア語の前置詞 εις（into）に由来し、聖書テキストによって支持されていない、自分の解釈を聖書テキストの中に読み込むことを意味する。

（『宗教的小論選集』pp. 132-36）

最後の晩餐におけるイエスは苦難の僕を自覚していたのか？

イエスが自らを苦難の僕と自覚していたことを肯定する見解

　最後の晩餐においてイエスが「多くの人のために」（マルコ 14:24）と言った時、自らを苦難の僕（イザヤ 53 章）として自覚していたのか？　高名な聖書学者のヨアヒム・エレミアスはこれを肯定し、次のように論じている。

　　聖餐の言葉の中で問題となるのは、「多くの人のために」（for many）という語句である。

　　　「多くの人のために」（for many）〔マルコ 14:24〕
　　　「多くの人の代わりに」（on behalf of many）〔マタイ 26:28〕
　　　「多くの人のために」（for many）〔1 コリ 11:24 & ルカ 22:19-20〕
　　　「世の命のために」（for the life of the world）〔ヨハネ 6:51〕

　　マルコの「多くの人のために」は他の資料によるとセム語法なので、パウロとルカの「多くの人のために」より古い。パウロは 40 年代の初めにアンティオケで聖餐の言葉の定式を知ったと思われるので、マルコの「多くの人のために」は、イエスの死後の最初の 10 年に私たちを引き戻してくれる。

　　さて、「多くの人のために」という語句は、マルコ 10:45 が立証しているように、イザヤ書 53 章からの引用である。「多くの」（many）という語と代理の観念は、イザヤ書 53 章を仄めかしている。なぜなら、冠詞なしの「多くの」（many）は、「多くの人」（the many）、「大多数の人びと」（the great number）、「すべて」（all）を束ねる包括的な意味で、イザヤ書 53 章に沢山あり、この章の解釈上の鍵の如きものとなっているからである。かくして、聖餐の言葉の中の「多くの人のために」（for many）はイエスがイザヤ書 53 章の中に自らの苦難と死を意味する鍵を見出したことを示している（Joachim Jeremias, *Jesus and the Message of the New Testament*, 2002, pp. 82-83）。

コメント

　エレミアスは冠詞なしの「多くの」（many）がイザヤ書 53 章に沢山あると
言っているが、「多くの人」を意味するヘブライ語「ラビーム」は、イザヤ書
53 章に沢山あるわけではない。12 節に 2 箇所あるに過ぎないので、「多くの」
（many）という語がイザヤ書 53 章を仄めかしていると考えることには無理が
ある。したがって、聖餐の言葉の中の「多くの人のために」という語句がイザ
ヤ書 53 章からの引用であると、一概に見なすことはできない。

「多くの人のために」をめぐる現代の学識

　イエスが自らを苦難の僕になぞらえていた、と主張する聖書学者は現在もい
る。例えば、IVPBBC の著者キーナー（Craig S. Keener）は、マルコによる
福音書 10:45 に関して次のように論じている。

　　自らを苦難の「僕」と呼ぶことによって、また自らの使命を「自らの生命
　　を多くの人のための身代金として与える」ことを明言することによって、
　　イエスは多分、自分自身をイザヤ書 53:10-12 の苦難の僕と同一視してい
　　るのであろう（この主張をめぐっては、多分に議論の余地がある）。

　しかし現在では、イエスが自らを苦難の僕として自覚していたことを否定す
る議論が有力である。例えば、ユダヤ人の高名な西洋古典学者のフルッサー
（David Flusser）は、歴史的イエスの死を次のように論じている。

　　最初の三つの福音書には、イエスが彼を信じる者たちの罪を償うために死
　　ななければならないということを決定的に表明した、完全に信頼できる言
　　葉は存在しない。さらに、イエスが預言者イザヤによって表明された、神
　　の苦難の、償いの僕（the suffering, atoning servant of God）として自ら
　　を見ていたとも思えない。その観念は、初期のキリスト教会において回顧
　　的に聞かれるようになったものであり、イエスの磔刑後でなければ聞かれ
　　なかったものである（David Flusser, "The Son" in *Jesus*, p. 123）。

また、ABD で「罪の償い」を論じたトゥケット（C.M. Tuckett）はマルコによる福音書 10:45 および 14:24 を根拠に、イエスの死を罪のための犠牲と解釈することは難しい、と論じている。

多くの人は（例えば、Craig S. Keener が書いているように〔IVPBBC, p.155〕）、二つの共観的言説のマルコによる福音書 10:45 および 14:24 を根拠に、イエスが第二イザヤの苦難の僕の預言に関連させて、自らの死を罪のための犠牲の観点から予見し、解釈したと主張している。しかし、イザヤ書 53 章がイエスの念頭にあったとする学説は、今日、根本的に疑問視されている（M.D. Hooker, *Jesus and the Servant*, 1959）。マルコによる福音書 10:45 の身代金（*lytron*）は実際、苦難の僕の死と同義ではない。多くの学者は、マルコ 10:45b の身代金の言説を、10:45a における仕えることの重要性に対するイースター後の注解と見なしている（ルカ 22:27 と比較）。こうして、マルコ 10:45 の表現をイザヤ書 53 章と直接結び付けることは難しい。マルコによる福音書 14:24 の表現は、償いの犠牲よりも（新しい）契約の観念と一層密接に結び付いている（本書 pp. 203-04 参照）。

この問題で注意を要するのは、歴史的イエスとケリュグマのキリストを混同してはならない、という聖書の読み方を弁えることである。

（「歴史的イエスの死」に関しては、『挑戦的宗教論集』pp. 67-69 参照）

キリストの死による罪の償いは何処にあるのか？

　日本のプロテスタント教会の中には、キリストの十字架による罪の赦しを強調する人びとがいる。しかし、私は彼らに挑戦し、こう主張する。

　贖い主キリストを論証する完全な論考は聖書のどこにも存在しない。

　　キリストの死による罪の償いは、聖書において多様に解釈されたために、キリスト教会は何れの教派も、古代から今日に至るまで、それを教義として公的に定義することなく、個々の教会と信者たちに委ねてきた。

　　したがって、キリストの死による罪の償いは、伝統的キリスト教の〔共同体の〕信仰（faith）ではなく、それを信じる個々の教会あるいは信者たちの信仰心（belief）の所産である。

　それを裏付けるように、日本のプロテスタント教会においてキリストの死の意味が、個々のキリスト者の信仰心に基づいて、如何に自由奔放に語られてきたかは、驚愕の一語に尽きる。

　例えば、今日でも高く評価されている高倉徳太郎牧師は 20 世紀初頭に行った説教「贖罪の意義」において、自らの信仰心を次のように語った。

　　十字架上にて、主は人の到底意識し得ざる罪まで、意識し彼らに代わって神に罪の赦しを願われた。「父よ彼等を赦し給へ。其為すところを知らざるがゆゑなり」〔ルカ伝 23:34〕「我が神、我が神、何ぞ我を捨てたまふや」〔マタイ伝 15:34〕などの十字架上の語にこの消息がうかがわれる。神はキリストが十字架上にて、人類の罪を負うて立ちたまいし態度に限りなく満足せられたことと思う。我らに代わって主のなしたもう悔改めは充分に神の心を和らぐるに足るものである。しかしてキリストの十字架は決して過去のことではなく、現在の奥妙なる事実である。神の羔羊は今もなお我らの罪を負うて神の前に立ちたもうのである。　　　　　　（1918 年 4 月）

　　（『高倉徳太郎——日本の説教 8』〔日本キリスト教団出版局 2003〕p. 28）

　この説教は幾つかの由々しき問題を孕んでいる。まず第一に、高倉は自分の思いを聖書テキストの中に読み込んで神の心中を慮っている。このように神の心中を慮ることは、これほどの聖書の自己解釈は、余り例がない。

　第二に、「主のなしたもう悔改め」と言っているが、罪なきキリストが悔い改めた記事は聖書に存在しない。

　第三に、キリストの十字架が現実的存在であるという認識は、現代のプロテスタント神学にはない。キリストの十字架は、歴史的に一回だけ起こった過去の出来事とされている（ローマ 6:10, ヘブラ 7:27, Ⅰペト 3:18 参照）。

　さて、キリストの死による罪の償いは何処にあるのか？

　この問題を総括すると、キリストの死による罪の償い（「十字架による罪の赦し」を含む）の教説は、余りにも多様に語られている。すなわち、

　第一に、キリストの死は新約聖書において、

　　① 罪びとの代理人としての死

　　② 罪びとを身請けするための死

　　③ 神を宥めるための死

　　④ 罪びとを神と和解させるための死

　　⑤ 神のための死

としてさまざまに語られている。

　そして第二に、キリストの死は新約聖書において、信者のためだったとも人類のためだったとも、両義的に語られている。

　原因と目的の両面からの、これらの多様性は、この教説が教義となり得ないことを実証している。

　こうして、キリストの死による罪の償いを信じることは、伝統的キリスト教の共同体の信仰ではなく、個々人の信仰心として理解されるべきものとなっている。そして、この信仰心の在り処は個人的な思想と経験の中にあり、それ以外のどこにもない。しかし、この信仰心は信教の自由の名において尊重されるべきものであり、それ以上のものでもそれ以下のものでもない。

　　　　　　　　　（『宗教的小論選集』pp. 94-95; 131 & 本書の第Ⅸ編 参照）

ルター、カルヴァン、ボンヘッファーの名言

ルターの名言：〈罪びとにして同時に義人〉

　一般的に、キリストを信ずることにより、個人的に罪を赦され、義とされると理解されがちであるが、ルターはそのように自分を自分自身で義とする態度を自己義認、偽善的行為として排斥した。

　ルターにおける信仰による義認の教説では、彼の〈罪びとにして同時に義人〉という逆説的定説を見逃すことはできない。驚くなかれ！　ルターによれば、私たちは罪を赦されて、神の義を受けるのではなく、罪びととして受けるのである。ルターはこのことを次のように明解に語っている。

「過ちが赦され、罪が覆い隠された人びとは幸いです」（ローマ 4:7／詩編 32:1）に関する注解：

　　聖徒たちは常に、彼ら自身の目に罪びとたちであり、したがって常に、外的に（extrinsice）義とされる。しかし、偽善者たちは常に、彼ら自身の目に〔内的に〕義人であり、したがって常に、外的に罪びとたちである。

　　聖徒たちは絶えず、自分たちの罪を意識し、神の憐れみによる神からの義を求める時、神によって義人と見なされる。彼らは、彼ら自身の目に、また実際に不義なる者であるが故に、罪を告白する故に、神がそれを評価して、神の前に義人とされるのである。彼らは意識せずに義人であり、意識的に不義なる者である。すなわち、彼らは事実上罪びとたちであるが、希望において義人なのである（"Lectures on Romans" in *Luther's Works*, Vol. 25）。

　こうして、ルターの信仰による義（神との正しい関係）から導き出されるものは、罪の赦しではなく、私たち自身のうちにある罪の意識であり、心の奥底からの罪の告白である。こうして、ルターの信仰による義は、主の祈りと結び付き、罪の告白を経て、私たちキリスト者を赦罪宣言の必要性へと導く。

（『挑戦的宗教論集』pp. 120-21 参照）

カルヴァンの名言：自己否定の教説

　ウエスタン神学校名誉教授の I.J. ヘッセリンクは、その優れた包括的カルヴァン神学論 "Calvin's theology" in *The Cambridge Companion to John Calvin*, 2004 の結論において「カルヴァン神学を存続させている魅力と影響力はどこにあるのか？」と自問し、「福音伝道においてカルヴァンが成功を収めた秘密の一つは、彼が伝えると共に説得することを目指し、修辞学を効果的に使用したことにある。よく用いられる例証は『キリスト教綱要』の「キリスト教的生活の要約：私たち自身の否定」（Ⅲ. 7. 1）に見出される」と答え、知る人ぞ知るカルヴァンの名言を引用している。

　　さて、重要なのは、私たちが以後、神に栄光を帰することを除いては、何も考えず、語らず、瞑想せず、行わないために、聖別され、神に奉献されることである。なぜなら、聖なるものは、神に著しい侮辱的言動を加えることなしに冒瀆的用途に適用されることはないからである。

　　そういうわけで、もし私たちが私たち自身のものでなく（Ⅰコリ 6:19）、主のものであるなら、私たちがどんな過ちから身を引き、私たちの生活のすべての行為をどこに向けなければならないかは明らかである。

　　私たちは私たち自身のものでないのだから、私たちの理性や意志に私たちの計画や行動を支配させないようにしよう。私たちは私たち自身のものでないのだから、肉体の観点から私たちに好都合なものを求めることを、私たちの目標として設定しないようにしよう。私たちは私たち自身のものでないのだから、私たち自身と私たちが所有するすべてのものをできるだけ忘れるようにしよう。

　　逆に言えば、私たちは神のものなのだから、神のために生き、神のために死ぬようにしよう。私たちは神のものなのだから、神の知恵と意志に私たちのすべての行動を支配させよう。私たちは神のものであるが故に、私たちの生活のすべての部分を、私たちの唯一の、律法を全うする目標としての神を目指すように仕向けよう。おお、自分は自分自身のものでないと教えられ、自分の理性を神に明け渡すために自分の理性から主権と支配力を取り去った人は如何に多くの利益を得たことか！　（Institutes, Ⅲ. 7. 1.）

説教者としてのカルヴァンの生涯は、自己否定の精神で貫かれていた。彼は聖霊の導きを信じ、原稿も覚書も携えずに説教壇に上がり、フランス語で即興的に説教した。彼は説教壇においてキリストの現存を確信し、自己を空しくし、ひたすら神の霊の道具として用いられることを信じていた。

> カルヴァンは、「自らの務めを最高に果たす説教者は、人びとに十字架に架けられたキリストを見せ、キリストの血が流されたことを感じさせるために、人びとの良心の中に侵入して行く」と信じていた（Dawn DeVries, "Calvin's Preaching" in *The Cambridge Companion to John Calvin*, 2004, p.121）。

（『挑戦的宗教論集』pp. 313-16 参照）

ボンヘッファーの名言：安価な恩寵

　キリスト教諸教派の「赦罪宣言」（Absolutio）の伝統は、実存的観点から見る時、特に有意義なものとなる。その赦しはいつ、どこで、どのように赦されるのかを実感、実証することができるからである。さらに、この赦罪宣言がそれに先立つ罪の告白によって、赦される罪が特定されることは、とりわけ重要である。

　この関連で思い起こすのは、ボンヘッファーの逆説的名言である。彼は「高価な恩寵」の代わりに「安価な恩寵」という表現を用いて、教会の宿敵について次のように論じた。

> 安価な恩寵とは、悔い改めを欠く赦しの説教であり、教会の規律を欠く洗礼であり、悔い改めを欠く聖餐であり、個人的な悔い改めを欠く赦罪宣言である（Dietrich Bonhoeffer, *Nschfolge*, 2016, p. 41）。

　このボンヘッファーの言葉は、彼の精神的遺産として注目されている。と言うわけは、近年英語圏で出版されたキリスト教思想と思想家を紹介する文献の中で、この一節は彼の名言として、しばしば引用されているからである。

（『挑戦的宗教論集』pp. 163-64 参照）

マルティン・ルター『基督者の自由』の最後の言葉

　マルティン・ルターは、信仰とは神の恩寵に対する生き生きとした決然たる確信であり、そのために人は千度でも死ぬことのできるほど確実なことである（「ローマ人への手紙の序言」）と言い、信仰のみが人間の義であり、あらゆる戒めの充実である（『基督者の自由』第13）と述べている。

　ルターが『基督者の自由』の最後に言った言葉は、キリスト教的な人間にとって末永く記憶するに値する言葉であるように思われる。

> キリスト教的な人間は自分自身において生きず、キリストと隣人とにおいて生きる。すなわち、キリストにおいては信仰によって、隣人においては愛において生きる。キリスト教的な人間は信仰によって神のもとへと高く昇り、愛によって神から再び低く降り、しかも常に神と神の愛のうちに留まり続ける。……
>
> 　見よ、これこそ、あらゆる罪と律法と戒めから心を自由にするところの、正しい霊的なキリスト教的な自由である。あたかも天と地が隔たっているように、他のあらゆる自由に勝る自由である。神よ、我らがこの自由を正しく理解し、保有することができますように。アーメン。
>
> 　　　　　　（『基督者の自由』第30の石原謙訳を現代風に改訳）

（『宗教的小論選集』p. 14　参照）

ジャン・カルヴァンの礼拝における明快さと霊性

カルヴァンが明快な礼拝を目指したことについて

　カルヴァンが礼拝形式の構築に当たって最重要視したことは、会衆の誰もが礼拝の意味を明確に理解し、正しく神を讃美することだった。それは、次のカルヴァン研究者の見解にはっきりと認めることができる。

　　カルヴァンの典礼を貫く精神の特徴はその明快さ（simplicity）にある。彼の典礼の原型は「古代教会」であり……その背景にあったのは、聖書における神の意志への信奉である……。真の宗教としての真の礼拝は、従順——神の言葉によって教えられる性質——から始まる（Bard Thompson, *Liturgies of the Western Church*, p. 194）。

カルヴァンが心と感情を重んじて霊的な礼拝を目指したことについて

　カルヴァンは会衆に理解しやすい明快な礼拝の構築を目指したが、同時に信仰に根差した感情をもって礼拝することにも重きを置いた。彼はしばしば信仰を心情の問題として論じた。

　　もし神の言葉が頭脳の頂点をよぎるのであれば、神の言葉が信仰によって受け入れられることはないが、神の言葉が試練のすべての策略に耐え、それらを駆逐するほどの無敵な守りとして心に深く根を下ろす時には受け入れられる（Institutes, III. 2. 36）。

　カルヴァンはまた、聖餐において、次のように勧告している。

　　「イエス・キリストが御自身の父の栄光のうちにおられる高さにまで、私たちが主に贖いを期待していることころにまで、私たちの感情と心を高めましょう……。その時にのみ、私たちの魂は主の実体によって養われ、生気を与えられ、世俗的なすべてのものを超えて天にまで到達し、主が住まわれる神の王国に入ります」（Elsie Anne McKee, *John Calvin*, p. 133）。

　カルヴァンが神を礼拝する上で理性よりも感情を重視していたことは、カール・バルトによって指摘されている。

> カルヴァンが言うように、祈りには感情が入らなければなりません。しかしこの感情は、私たちの精神にとって、放浪性の口実とされてはなりません。カルヴァンが説教の終りに行うことを習慣にしていた即興的な祈りは、その威厳ある一貫性において注目に値します。同じ諸要素、神の威厳と聖霊への崇敬が常に繰り返されています。それは陳腐な決まり文句ではありません（Karl Barth, *Prayer*, 50th Anniversary Edition, p. 6）。

　また、カリフォルニア大学の歴史学教授のボウズマによっても同様の指摘が為されている。

> 「律法の座は頭脳にはなく、心にある」と、カルヴァンは言う。「したがって、天来の教えに導かれて、私たちは内的に再生させられる」。この観点から、彼は確信をもって、心と感情を同一視することができた。「神に正しく仕えるためには、私たちの心を神にささげられなければならない──もし私たちが外的にのみ想像し得るすべての徳を持っていたとしても、心が満たされることはないのだから、感情が最初に来なければならない」（William J. Bouwsma, *John Calvin*, p. 132）。

　カルヴァンは礼拝において、「聖書の朗読・説教」の前に、聖霊の照明を求めて即興的な祈りをささげ、常に即興的な説教を行い、また（バルトによれば）説教後にも威厳に満ちた祈りを即興的にささげた。こうして、カルヴァンの祈祷と説教が、敬虔な精神と周到な準備の下に、神の導きに一切を委ねた即興的な、霊的な行為だったことは疑う余地がない。

　聖霊の導きを信じて祈り、説教することを志すならば、この点でもカルヴァンに学ばなければならない。牧師も会衆も、自らの信仰心をもって、即興的に、実存的に祈ることを実践しなければならない。

（『宗教的小論選集』pp. 225-26　参照）

ジャン・カルヴァンはなぜ週一の祈祷日を創始したのか？

　カルヴァンはヨブ記第 38 章の最初の 4 節——神が旋風の中からヨブに答える初めの部分——に関する説教において、次のように語った。

> 聖書はしばしば、神が暴風雨——雷鳴、稲妻、地震、旋風——を通して自己啓示されることについて述べている。脅威的な自然的現象を通してご自身の栄光を現そうとされる神の意図は、ご自身が語りかけようとする人びとの注意を喚起するためであって、彼らを圧倒したり、脅したりするためではなかった（Dawn DeVries, "Calvin's Preaching"）。

　脅威的な自然現象の中に神の意図が隠されているのを見たカルヴァンは、ヨブ記に関する説教（1554-55 年）以前の、祈祷日礼拝（1542 年制定）の必要性を説明する文脈において、それを一層明確な表現をもって語っていた。

> 聖書は、疫病、戦争、およびこの種の他の諸災難が私たちの罪に対する神の懲罰であることを教えているので、これらのことが起こっているのを見る時、私たちはそこに神の怒りを認めなければならない。そして、もし私たちが真の信者であるなら、私たちの罪を思い起こすことが必要であり、私たちの行いを恥じて、悲しみ、真心を込めて悔い改め、より良い生活をするために主に立ち帰り、心から従順になって、主の赦しを嘆願することができる。したがって、私たちが神の脅しを見る時にはいつでも、神の忍耐を試みることなく、神の裁きを避けるために、毎週一日を特定し、人びとに特にこれらのことを勧め、必要に応じて神に祈り、嘆願することが望ましい（"Forms of Prayer for the Church" *by John Calvin*）。

　今日的に注目すべきは、カルヴァンが現代の人類の危機を克服する手掛かりを先取りしていたことである。新型コロナウイルス禍の只中にある私たちは、今こそ、悔い改めるに時があることを弁えなければならない。

（『宗教的小論選集』pp. 185-187, 197 & 本書 pp. 60-61 参照）

カール・ヒルティの聖職者観

　スイスの法学者でキリスト教思想家のカール・ヒルティ（1833-1909）はその著『眠れない夜のために』（第1巻）の中で、キリスト教会の聖職者を評価する基準について論じている。

　　教会の最高位の人から宣教師、あるいは教会の奉仕女性や「慈悲の友の会」の修道女に至るまで、およそ聖職者を評価する場合、私たち一般信者にとって重要なのは、彼らが大きな宗教的賜物を持ち合わせているかどうかである。すなわち、慰め、効果的な祈り（ヨハネ 15:7）、病気の治療（マルコ 3:15, 16:17-18）、罪の赦し（マタイ 18:18, ヨハネ 20:23）、および預言——正確に言えば、現在と未来に対する正しい洞察力、あるいは真理の霊——を一つでも持ち合わせているかどうかである（ヨハネ 17:17, Ⅰ ヨハ 5:20）。少なくとも、これらの諸能力が一つも認められないような聖職者のどんな指導にも信頼してはならない。

　　その他のすべて、神学的学識であれ、教会への熱心であれ、説教の才能であれ、あるいはその他のどんなことでも、第二義的なものに過ぎない。時には、それらは上述の諸能力を受ける上での妨げとなることさえある。それらの諸能力は、習得され得るものでもなければ、何らかの聖職授与式によって伝達され得るものでもない。それらは神から直接授与されるもので、昔も今も変わりなく、またあらゆる教派において可能である (Carl Hilty, "15. Januar" in *Für schlaflose Nächte*, Erster Teil, Leipzig, 1919, p. 44)。

　ヒルティによると、聖職者たちが神から与えられる大きな宗教的賜物（geistlichen Gaben）、すなわち、慰め、効果的な祈り、病気の治療、罪の赦し、預言などの諸能力の一つでも持ち合わせているかどうかが重要だと言う。しかも、一般信者にとって重要だと言う。ヒルティがこのように、聖職者観を一般信者の視点から論じたことは、正に卓見と言わなければならない。

　　　　　　　　　　　　　　　　　　　　（『挑戦的宗教論集』pp. 327-30 参照）

ディートリヒ・ボンヘッファーにおける
「祈ることと正義を行うこと」

ボンヘッファーの「祈ることと人びとの間で正義を行うこと」という表現は、彼の著『抵抗と服従——獄中からの書簡と手記』の「D.W.R.の洗礼の日に寄せる思い」（1944年5月）の中に見出される。

> 私たちの教会は、ここ何年か自己保存のためにのみ、そのこと自体が目的であるかのように戦ってきたが、人間のためと世界が存続していくために、和解と救済の言葉の担い手となり得ないでいる。そのために古代の言葉はその勢力を失い、沈黙を余儀なくされている。私たちが今日キリスト者であることは二つの事柄においてのみ存立するであろう。すなわち、祈ることと人びとの間で正義を行うことにおいてである。すべてのキリスト教会の思考と言論と組織化はこの祈りと行為から再生されなければならない
> (Dietrich Bonhoeffer, *Widerstand und Ergebung*, 1964)。

ボンヘッファーの「祈ることと人びとの間で正義を行うこと」は、キリスト教会が自己保存のために汲々とし、神の「和解と救済の言葉」のために戦っていない状況の中で、キリスト者の在り方を提示したものである。彼は、個々のキリスト者が祈り、正義を行うことによって、教会全体が自己保存の悪弊から抜け出し、再生させられると信じ、そのために戦ったのである。この文脈はキリスト教会の再生を指向したもので、暴君殺害を示唆したものではない。

ボンヘッファーは獄中での瞑想を通して、兄弟愛の教会像を構想したことが知られている。

> Die Kirche ist nur Kirche, wenn sie für andere da ist. Um einen Anfang zu machen, muß sie alles Eigentum den Notleidenden schenken.
> (Dietrich Bonhoeffer)（教会は他の人びとのために存在する時にのみ教会である。手始めに、教会は全財産を窮乏している人びとに与えなければならない。)

(『挑戦的宗教論集』pp. 331-35 参照)

あとがき

　本書のサブタイトルとして「聖徒たちに有益な知ここりあり」を掲げたが、「有益な」という表現は、聖書が（また神を知ることが）私たちにとって如何に重要かということを説明するために、ジャン・カルヴァンが<u>有益な</u>という語をしばしば用いたことに由来する（本書 p. 115, 227 参照）。

　序言において筆者は、キリスト教的生活を知的に豊かに生きるための「指針」に言及したが、それは筆者独自の「神学的指針」を意味し、次のキーワードから成り立っている。

《聖書》

《キリスト教の主要教義》

《キリスト教信仰》

《信仰による義認》

《悔い改め》

《罪の赦し》

補遺：《キリストの死による罪の償い》

　本書は、基本的に、これらのキーワードから構成されている。

　各キーワードの意図は、次の通りである。

　冒頭に《聖書》と《キリスト教の主要教義》を定立したのは、正統的キリスト教が旧・新約聖書と主要教義から成り立っているとの認識に基づいている。この指針では、《聖書》としてヘブライ語旧約聖書、ギリシア語新約聖書、および英訳聖書を重要視し、それらの正統的解釈を聖書解釈の知として尊重する。

　《聖書》に邦訳聖書を一切含めなかったのは、それらが総じて本格的な聖書研究に不向きだからである（第Ⅲ編の「第６戒　『ロー・ティルツァフ』の真意」などの５論考、「邦訳聖書における翻訳の多様性」、および第Ｘ編の「邦訳聖書は翻訳聖書と言うより、言い換え聖書」参照）。したがって、邦訳聖書の読者は、補助資料として適切な英訳聖書を選んで利用することが望ましい。

次いで、《キリスト教信仰》を掲げたのは、信仰が一種の知識と考えられているところから、信仰のさまざまな側面の学びが欠かせないからである。

　《信仰による義認》の定立は、それが真の宗教の拠って立つ重要な中心点であるところから、すべてのキリスト者にとってその学びが欠かせないことに基づいている。

　《悔い改め》の定立は、義人の悔い改めが正しいキリスト教的な生活をするための急所であるとの認識に基づいている。悔い改めには、その歴史的な学びと共に、その現実的な実践が不可欠である。

　《罪の赦し》の下では、聖書に即した学びを基礎に、さらに実存的観点からの赦しの探究が不可欠である。

　補遺：《キリストの死による罪の償い》については、現代の学識を踏まえた多角的な考察と公平な評価が、現に求められている。

　ちなみに、この指針のキーワードには《祈り》が含まれていない。それは「キリスト教信仰の知」と「悔い改めの知」によって代替したからである。この措置は、カルヴァンが「正しい祈りは聖霊によってのみ可能であり」、「私たちが信仰と悔い改めを奮い起こさなければ、私たちの祈りは空しい」と言ったことに基づいている（『宗教的小論選集』pp. 202-03 参照）。

　さて、本書において新たに執筆した論考としては、第III編の「〈シェマア〉の戒めの探究」、「邦訳聖書における翻訳の多様性」、「マルティン・ルターの聖書の読み方」、「ジャン・カルヴァンの聖書の読み方」などと、第X編の「マソラテキストについて」、「神を知るとはどういうことか？」などがある。

　かくして本書では、信仰が知識であると共に、実践すべきものでもあることが随所で言及され、強調されている。キリスト教的生活を豊かにするための学びは知的探究に留まらず、実践的要請でもあるからである。

　最後に、本書出版に際し、三省堂書店・出版事業部の高橋淳氏から貴重なご助言と多大なご助力をいただきました。ここに深く感謝いたします。

2021 年初春

有馬　七郎

【著者略歴】

有馬 七郎 （ありま しちろう）

1930年東京生まれ、1954年明治学院大学文学部英文学科卒業
元日本電信電話公社葛西電話局長
2018年3月1日　電気通信事業に対する功労により「瑞宝双光章」受賞
現在、古代イスラエル文化研究家・翻訳家（日本ユダヤ学会会員、日本オーウェル協会名誉会員）

著書：

『革新的聖書論考 ── 原初言語への真摯なアプローチ』（創英社／三省堂書店）
『挑戦的宗教論集 ── 宣教的改革の足掛かりに』（創英社／三省堂書店）
『宗教的小論選集 ── 我が生涯の思索と研鑽と経験』（三省堂書店／創英社）
『変革・変身への挑戦 ── ビジネスと人生のために』（西田書店）
『夾竹桃 ── 有馬潔自選作品集』（文芸社）
『オーウェル ── 20世紀を超えて』（共著・音羽書房鶴見書店）

翻訳書（古代イスラエル文化関係）：

アディン・シュタインザルツ『聖書の人間像』（ミルトス）
M.ヒルトン／G.マーシャル『福音書とユダヤ教』（ミルトス）
トム・ヒューストン『ダビデ王 ── 旧約聖書に学ぶリーダーシップの条件』（ミルトス）
ロバータ・ケルズ・ドア『ダビデ王とバトシェバ ── 歴史を変えた愛』（国書刊行会）
シュムエル・サフライ『イエス時代の背景 ── ユダヤ文献から見たルカ福音書』（ミルトス）
P.K.マッカーター・ジュニア他『最新・古代イスラエル史』（共訳・ミルトス）
D.J.ワイズマン編『旧約聖書時代の諸民族』（共訳・日本基督教団出版局）
共観福音書研究エルサレム学派編『共観福音書が語るユダヤ人イエス』（共訳・ミルトス）

翻訳書（英文学・キリスト教関係）：

有馬七郎編訳『詩人たちの老いと青春』（創英社／三省堂書店）
ジャン・カルヴァン『黄金の小冊子・真のキリスト教的生活』（創英社／三省堂書店）
『思い出のオーウェル』（共訳・晶文社）
ジョージ・オーウェル『気の向くままに ── 同時代批評1943-1947』（共訳・彩流社）

キリスト教的知の探究

聖徒たちに有益な知ここにあり

2021年6月16日　初版発行

著　者　　有馬 七郎
発行・発売　株式会社 三省堂書店／創英社
　　　　　　〒101-0051　東京都千代田区神田神保町1-1
　　　　　　Tel 03-3291-2295　Fax 03-3292-7687
印刷・製本　シナノ書籍印刷

©Shichiro Arima 2021 Printed in Japan
ISBN 978-4-87923-101-7　C3016